中公新書 433

外山滋比古著

日本語の個性 改版

中央公論新社刊

まえがき

地方の高等学校からはれて東京の大学へ入った学生の多くが、ひと知れず苦労するのは言葉の問題である。それまで空気のように思っていたものが急に稀薄《きはく》になって、東京の人が違った言葉を話しているということを、実際以上につよく意識するらしい。夏休みまでは講義がよく聞きとれませんでした、とあとになって告白した北海道出身の秀才もある。テレビが広まり、共通語を聞くことも多くなったから、いまではまさか、それほどではあるまいが、それでも地方から上京したての新大学生が言葉に神経質になっていることに変りはない。学生生活が論じられるにあたって、これが問題にされることがすくないのはどうしてであろうか。

東京へ出てきた大学生がそうであるように、われわれは自分の使っているのと違った言葉にぶつかると、たちまちカブトを脱いで降参する。本能的に自分の言葉を恥じているのか、すこしでも早く相手の言葉に順応しようとするらしい。他者中心的である。〝方言撲滅〟を合言葉にしている地方すらあるのは、この傾向が社会に広く確認され合っていることを物語っている。

自分の言葉をだめなものと考える劣等感は外国語との間にも作用して、いわれなき外国語崇拝を生む。何かあると、日本語を廃して英語を国語にしよう、フランス語を国語にしようという意見が、最高の知識人から出てきたのがこれまでの日本である。言語に関して、目はいつも外を向いていた。外国語が役に立つの、立たぬのとやかましい議論はあるけれども、国語はろくに書いたり、話したりもできないのに、いっこうに気にしない。母国語は空気、水のごときものであり、あまりに身近すぎて、かえって、存在を忘れ、あるいは、ないがしろにされがちである。

しかし、ものごとには程度ということがある。言葉における他者中心の思想も、行きつくところまで行ってしまったのであろう。青い鳥を求めて、外へ外へと心をはせてはみたものの、しょせん、探し当てることはできない。疲れて帰ってきてみると、顧みなくなって久しい自分たちの言葉が意外に新鮮に見えるではないか。そのおどろきが、自己中心の意識を芽生えさせた。

性急な人たちが、これをナショナリズム呼ばわりしているが、これまでのように国語をほったらかしにして外国語にばかり目の色を変えるのを何かたいそうな名で呼ぶのならまだしも、いかにも一方的ではないか。日本人が日本語を大切にするのは当り前である。もっとも、浮世絵や桂離宮のように、外国人からほめて貰《もら》わないと、安心して自慢もできないと言う人もあるかもしれないが……。このごろ国語についての関心が高まっているのは、これまであまりにも無頓着《むとんちゃく》でありすぎたために目立つのであって、ブームなどというものではない。ただ、いつも外を向いていた目が脚下を見つめるように変わろうとしている転換の意味は小さくないと思われる。

これまでわれわれは自分の国の言葉を〝国語〟と呼びならわしてきた。外へ向いていた目が内へ向うようになって発見した言葉は、その国語とはすこし違っているように感じられる。その気持がこのごろ使われる〝日本語〟にこめられる。いまのところ〝日本語〟にはある新鮮味がつきまとっているが、いずれその新しさが消えたあとに、われわれの新しい母国語が生れるようになるのかもしれない。

ながい間、よそばかり見ていたから、われわれには日本語のことがよくわかっていない。改めて自分の言葉、まわりの言葉を注意してみると、これまでは気にならなかったことがあれもこれも大きな問題のように思われてくる。それでなくても、現代は言語の時代だと言われる。言葉が気にならないという人があれば、そのほうがおかしい。とりわけ、従来はあまり重視されなかった話し言葉が興味ある可能性を秘めているように思われる。

この本は、そういうことを考えているひとりの人間が、日本語について、あれこれエッセイ風に考えをのべたものである。こういう議論が重ねられてゆくにつれて、日本語の個性もおのずからすこしずつ明らかになるだろうと考えて、「日本語の個性」を書名にした。

一九七六年四月

外山滋比古

目次

III　ことばのかたち

日本語の個性

I　ことばのすがた

訳せぬ「であろう」

翻訳のむつかしさ

用があったから出版社へ訪ねていったが、係の人が降りてくるまで応接室で待つように言われた。その社で出している雑誌が並んでいるから、自然科学関係の雑誌をパラパラと繰ってみる。おもしろそうなものはなさそうだなと思ったら、日本語の「であろう」にはほとほと手を焼いたという外国人の話が目にとまったから、これはこれはと目を据えた（ロゲルギストK2氏の論文）。

日本語のよくできるイギリスの物理学者が日本人の書いた論文を英訳したときに痛感したことらしいが、原文にむやみと「であろう」が出てくる。それをどう訳したらいいか途方にくれた。英語にはぴったり適合する言いまわしはないようだ。というようなことをこのイギリス人はのべている。それほど途方にくれなくてもよさそうだが、どうしてこんなに思いつめるのか、と思いながら、それでもおもしろく、先を読みつづけようと思っているところへ、待ち人が、どうもお待たせして……と言いながら現われた。

心残りでないこともなかった、もうすこしついでのことなら遅れてきてくれればいいのにと思わぬこともなかったが、いかにも待ちわびていたように席を立つ。帰りにどこかの書店で続きは立読みすることにしようと思っていたのだが、むろん帰りはいいご機嫌になってそんなことは忘れてしまった。明日という日があるにはあるが、明日はまた明日の風が吹いて、前の日のことなど覚えていられるものではない。そのうちに図書館へ行けば次の月になっても見ることができると思ったが、もうそのころには自分でもそれが気休めであることがわかっている。

それでとうとうこのイギリスの物理学者とはあえない別れをしてしまったから、途方にくれたあと、どういう活路を見いだしたかも知らないが、何もそんなに驚くことはないのである。英語にならないのは何も「であろう」に限らない。外国語が片端から訳せると思うのはそもそも認識不足なのである。翻訳可能なくらいならそのうち世界の言語はひとつになってもいい。それがバベルの塔以来こんなに多くの言語に分れているのは、要するに、ほかの言語では言えないことを言う必要にせまられて独自の言葉が発達しているからである。

ノーベル物理学賞を受けた江《え》崎《さき》玲《れ》於《お》奈《な》博士も論文の翻訳でひどい目に会ったらしい。ただし、これはご自分の論文の話だ。博士はノーベル賞受賞記念の講演を英語でしたが、その原稿を日本語にして雑誌にのせたいという希望が日本からあって、どうせ自分の書いた英語である、母国語にするくらい何でもあるまい、とおそらく高をくって日本語訳にかかったが、それがとんでもない思い違いで、ひどく厄介な仕事であることを発見してすっかりびっくりした。どうしてこんなに苦労しなくてはならないのか、と考えた博士はやがて日本語のせいであるという結論に達した。

そのことは『創造性への対話』という本の中にあるのだが、日本語は哲学や科学的思想を表現する手段として不適当ではないかと割り切っている。したがって、大学などで科学をやる学生の教科書は英語のものを使うのがよろしい、とも言う。日本語不信である。日本人は日本語を廃してヨーロッパ語を国語にすれば、もっとたくさんノーベル賞を貰《もら》う人が出るのだろうか、と読者に思いこませかねない。

話はまったく別だが、自然科学の教授があるとき、このごろの学生は外国文献が読めなくなって困っている、語学の責任だけとは言わないが、語学はもっとしっかりしてくれなくてはいけないと、当の語学の教師の前でのべたことがある。いまの学生に語学力があるとは言わないが、できないのは外国語だけではなく、日本語であり、当該学科そのものなのではないか。内容がからきしわかっていなくて、外国文献の読めるわけがない。日本語がろくに読めないで外国語のわかるはずがない。何でも言葉のせいにすればよいと思っていられる科学者は幸いなるかなである。そういう連中がいま大学の語学教室を会話学校のようにしようとしている。結構なことだ。

外国語はそう簡単に割り切れるものではない。ひとつの言語のきわめて多くの部分は慣用表現、つまりイディオムをなしていて、そっくりそのまま別の言語で置き変えることが困難である。だからこそ翻訳によらずに原語で理解する必要も生じるのである。「であろう」だけが英語にならないのではなく、自分の書いた英文だってやすやすとは日本語になってくれないではないか。

イディオムは感覚がからまっているから翻訳困難であるのは容易にわかるが、もっと知的な要素の高いものでも案外うまく訳出できないことはそれほど自覚されていない。たとえば、外国語の論理もとらえにくい。ぴったりした翻訳がむつかしい。アントランスレータブル（翻訳拒否的）なのである。同様、こちらの論理も外国語になりにくく、やはりアントランスレータブル。互いに交換できないから、別々の論理をもっているわけだが、外国語の優秀性を信じる社会では論理の多様性などを承認するはずがない。わが国も翻訳文化の社会で後進コンプレックスをもっているから、日本語には論理がない、などということを大きな声で叫んでも気が変になったと言われる心配はないのである。日本語は非論理的だと言うくらいなら、日本語はアントランスレータブルだと言うほうがどれだけ正直か知れない。何でも翻訳できる、トランスレータブルであるように思いこむ錯覚は、語学の入門期に、ブック、本、ペーパー、紙というような対応を教えられた後遺症であろう。こういう単語にしてもトランスレータブルなのは見せかけのもので、ブックと本は完全な相互交換性をもっているわけではない。本のどこをさがしてもブックにある帳簿とか切符といった意味は見当らない。

英語と日本語のちがい

英語では第一人称単数のI（アイ）を用いないで自分の考えていることを書くことは困難であるけれども、日本語ならそんなことは朝飯前である。現にこの文章でも、これまでのところに一度も「私」を使っていないはずだ。書き出しの「用があったから出版社へ訪ねていったが……」のパラグラフはもちろん、次のパラグラフもまたその次も、英語ならアイを使わずには通れないところである。日本語でも、私かぼくを使ったほうがいいと思う人があるが、なんとなくないほうが落ち着くように感じる人もすくなくない。日本語の第一人称は不安定で、私、ぼく、わ（た）し、おれ、小生、手前、わが輩などいろいろな言い方のあることが第一人称が動揺している何よりの証拠である。

第一人称は使わなくてすむが、「であろう」という表現は使わないと不便である。どういうときに使うのか、と思って手もとの国語辞書に当ってみたが、ろくに説明もない。ひと筋なわではゆかないと見える。たいして意味もなく、である、でもよいところで使うこともある。というのも、日本語の文末語尾は単調になりやすい。同じ動詞、助動詞が続くことがすくなくないから、語尾に変化をつけたほうがよいと思うときに、「であろう」を用いることになるのである。だいたい、日本人には動詞の時制（テンス）の観念がゆるやかだから、「である」なら現在形、「であろう」は推量の未来などと律儀に区別することもない。古池や蛙《かわず》飛び込む水の音。この動詞「飛び込む」の時制は何だ。過去か現在進行形か、はたまた現在完了形かなどと頭を使うのはすこし変人の部類に属するであろう。そんなことはおのずからわかるはずだとされている。それよりも形を整える必要がある。

「である」という標準的述部動詞はどうもすこし大げさに感じられる。演説口調を思わせる。自信のない政治家が「…であるのである」と吼《ほ》えるのを聞くと滑稽《こっけい》で吹きだしたくなる。さすがにこのごろでは、「であるのである」は姿を消したけれども、まだ、「のである」はかなり有力なものとして残っている。われわれはどうもこういう断定型に抵抗を感じるらしい。同じことならもうすこしソフトな言い方を求める。そこで、「であろう」の出番となる。

中学生のとき、学校で弁論大会があって、各学年の選手が舌鋒《ぜっぽう》を競ったが、別にこれといった感想をもたないでいたところ、あとで一年上のクラスにいた人が、誰それの話はよかったけれども、「…だ」「…である」と決めつけ口調で言ったのは生意気だ。自分の意見なら、「…だと思う」とか、「ではあるまいか」とか、「であろう」と言うべきだった、とコメントを加えているのを聞いて、なるほどそんなものかと思ったから、四十年経《た》ったいまでも忘れずにいる。片田舎《かたいなか》の中学生にもそれくらいのことはわかっていたのである。強い断定が自信を示すのに止《とど》まらず、相手に不快な感じを与えることをこのときはじめて知った。

数学や幾何の教科書なら、三角形の内角の和は一八〇度なり、A＝BでB＝Cならば、A＝Cである、でおかしくはない。これを、「であろう」などとしたら滑稽である。ところが、日常の言葉づかいではA＝Cであるといった明快な断定をあまり喜ばないのが日本語であって、何かすこし緩衝装置がほしい。ぼかしたほうが味わいもあるし、相手への響きもよろしい。「であろう」は、そういうときのショック・アブソーバーになる。

言い切る動詞の語尾がどうも強すぎるという感じがあるところから、手紙などで比較的近代まで使われていた候文《そうろうぶん》が愛用される。いまでも、候文で書くと思いのほか、手紙が書きやすいということを言う人があるが、これは文末語尾を候で包んでやると、安心して思ったことが言えるということかもしれない。敬語ではないが、動詞のもつ勢いを殺して相手にやわらかく伝わる工夫をした候文には何とも言えない滋味がある。

直言すること

相手はばからず、思ったことを直言するのを英語で「スペードをスペードと呼ぶ」と言う。あからさまに、ありのままをズバリと言ってのけることで、さすがに勇気を要する。だからこそこういう決まり文句ができる。このごろの日本語の流行に「ズバリ言って」というのがある。スペードをスペードと呼ぶとはすこし違ってはいるが、言いにくいことをあっさり言ってしまう、あるいはまわりくどいことを抜きにした単刀直入な表現の方法が刺戟《しげき》的なのであろう、若い人たちのあいだでことに好評である。これがつよい印象を与えるのは、日本語がこれまで身につけていたヴェールをはいでしまおうとするためのショックがあるからで、われわれは言いたいこともあまりあらわに人前に見せないで、七色のヴェールをかけるべきものと思ってきた。

そういう言葉を急にまっ裸にすれば相手がびっくりするにきまっている。それがおもしろいという人が「ズバリ言って……」というような言葉を使うかどうかは別として、そういうあらわな効果をもった表現をする。そういう人は概して大声で話す。ところが、その一方では、妙に小声で話す若い人がふえているからおもしろい。露骨な表現におそれをなしているのか。相手の言葉が強烈であるから、身を護《まも》るために、自分の口にマフラーをつけているのかもしれない。

相手の目を見てものを言えと言う。そんなことが普通の日本人にはできるわけがない。しようと思えばたいへんな努力と修練がいる。たいていは伏目勝ちで、相手が正視していれば、ちょっと見ると悪いことをした人間が取調べを受けているみたいになる。もちろんやましいことがなくてもそうである。人中で自分の名前、あるいは、それに近い名前が呼ばれるのを聞くと、ハッとする。ときには、どうしよう、という気持になる。どういうものか、こういう癖はなかなか抜けない。小学校で先生から名前を呼ばれたときに軽い戦慄《せんりつ》を覚えた。それがいまもって消えないらしい。名前を呼ばれることはうれしくない。そのかわりこちらも、ぼくだの、私だのと押しつけがましいことは申しません。なるべく、隣は何をする人ぞの式に生きて行きたいものですね、と思う。

ある学者が、電話をかけるとき、「こちらは○○です」ではどうもまずい、「こちらは○○ですが」とすると落ち着くと書いていた。言い切ると語尾が相手に突き刺さるような感じがするから語尾を「が」で丸めておくのである。つまり、自分の言葉に羞《はじ》らいをもつということになる。照れる。それで言葉尻《ことばじり》を呑《の》みこんでぼかす。断言は避ける。やはり相手の目を見据えてものを言える神経とは別種である。

相手を指す第二人称単数もそのことを裏付けている。「あなた」というのは向うの方という意味であって、目の前にいる人を指すのには、はなはだどうかと思われるが、直接に指示しないところから尊敬の心が伝わる。スピードをスピードと呼ばないで、目の前の人を向うにいる人のように言いあらわすのを美しいと感じる。「お前」にしても、相手の御前という ことだから、やはり、相手を外した言い方であるには変りがない。なるべく直接に触れない 表現をすることが望ましいとされているのだから、話し合っている人と人との目が合ったり しないのは不思議でも何でもない。あまりじろじろ見られては気味が悪いと思う。

わかりやすい表現が好まれるのは当り前のように考える人があるかもしれないが、必ずし もそうではない。だいたい新しくものを読む人間が急にふえると明晰《めいせき》な文章が歓迎される。 明快な表現を喜ぶのはいくらか素朴な読者だからである。相手への配慮が細かくなるにつれ て言い方はあいまいになるもののようである。

あいまいな言い方では受け手に意味がよく伝わらない心配はある。誤解されては困るから 誤解のない程度にはっきりしたことを言わなくてはと思うのは誰しも同じである。だからと 言って、聞き手の気持を悪くさせるような露骨な言葉はいっそうまずい。どちらかと言えば、 誤解のおそれはあっても、相手の気持を傷つけるよりはましである。それで婉曲《えんきょく》語法が発 達する。その結果がしばしばあいまいになっていても、それを顧みる暇もないのが普通であ る。その中では「であろう」はもっとも小さな緩衝方法にすぎない。それに相当する語法の ない言語へこれを訳そうと思えば途方にくれるのは当然であるが、無理して訳そうとするには及ばないとも言うことができる。なぜかと言えば、それは日本人同士が言葉を交わすときには必要なクッションであるが、外国人の読む外国語にするときには、むしろ取り除いたほうが妙に気をまわさせないでいいからである。

日本語のあいまいさは独特の味わいのものだけれども、それは日本語の内づらである。外づらではそれを捨てたほうがよいということに、翻訳者たちが気づいていないから、はじめのイギリスの物理学者のような歎《なげ》きになる。

自己否定的なニュアンス

論文の最後へきて、「しかし、この考え自体が根底から誤っているかもしれない」というような書き方をする人間が、われわれのあいだに決してないとは言えないが、アメリカ人あたりから見ると何とも割り切れない感をもつらしい。それくらいならはじめから論文を書かなきゃいい、書いた以上は有無を言わせず相手に認めさせる、決して自分が誤っているなどということは言ってはいけないのだ。ある人がそういった。

早い話が、交通事故を起したとき、たとえ自分の側に非があっても、まず第一声は君の責任だ、君が悪いのだ、でないと、あとあとで損をするという考えが徹底しているアメリカでは、めったなことでは「すみませんでした」などとは言わない、ともこの人は言った。これはわが国でもこのごろだいぶ感染してきたらしく、よくそういう例にぶつかるが、見ていて浅ましいと思う。競争のはげしい社会では、それでなくては生きて行かれない、などとまことしやかに解説する人を見るだに浅ましい。もうすこしおだやかに生きられないものか。

論文の終りに、自己否定と見える文言をつけ加えたからとて、別にほんとうに自説がだめだと思っているわけではない。ただ、そういう控え目な姿勢を示しておくほうが、読む人の抵抗もすくなくなり、論文が一種の敬語的表現の性格をおびることを本能的に知っているのである。つよい断定はしばしば反撥《はんぱつ》を招いて説得力を弱めてしまうから、逆に、表現を殺すような内輪な言葉が有効になる。ただ、国内でのコミュニケイションには、こういう書き方がよくても、外国向けにするときには、この部分は取り除いてやる必要がある。バカ正直に原文通りに訳さないといけないというような考えはもうそろそろ卒業にすべきで、翻訳は国境を越える言葉の旅である。着物の一枚や二枚、着たり脱いだりしなくてはならないのは当然であろう。日本語はすこし厚着になれているから、外国へ行くときにはすこし薄着にしたほうがよい。外国語には逆に薄着の部分があるから、邦訳では新しい着物を着せたほうが自然になることがすくなくない。

ゴルフのボールを打つのに、素人の目からすると、どうしてあんなにいろいろなクラブがいるのか理解に苦しむ。しかし、ゴルファーにとってみれば、だてに重いゴルフバッグをかついでいるわけではない。どれもこれもそれぞれに違った使い道があるからこそ持っているのだと言うだろう。グリーンにのったボールをドライバーでたたく人はないだろうし、ティーショットにパターを使う間抜けもない。

日本語はことにグリーン上のボールの処理にやかましいように思われる。それで、至近距離へボールをころがすための道具立てが細かく分れている。乱暴な打ち方が嫌われて、なるべくソフトにソフトにボールを穴へ入れようとする。「である」と決めつけないで、そっと「であろう」とぼかすのがたしなみになる。普通のゴルフにはないような微妙な打ち方のできるクラブが日本語にはいくつも揃《そろ》っている。そういう言葉のニュアンスをパターくらいしかない言葉へそのまま移そうとすれば絶望するにきまっている。「であろう」がうまく英訳できないという告白の生れるゆえんである。

われわれはお互いに遠慮しいしい言葉を交わしている。歯に衣《きぬ》を着せないでものを言うのは、スペードをスペードと呼ぶ以上に相手を無視した挑戦になる。たいていは、歯にも言葉にも衣をたくさん着せてものを言っているから、言葉に敏感で、また、言葉にこだわる。ちょっとした言い方ひとつでも深く心を傷つけられたりする。こういう民族では、いわば言葉のスポーツのような演劇がうまく育たないのも不思議ではない。演劇の言葉は普通の日本語よりもうすこし歯に衣を着せない言葉であることが望ましい。

そのかわり、他人の言葉のボールが飛んでこない安全なところに立っていて、静かに独りものを思い、その思いをめぐって独自の言葉をつむぐのには長じている。言葉には情緒がべっとりつきまとっているから、思ったことを正確に言おうとしても、つい余情にからまれて、先が見えなくなってしまう。本当の知的散文が生れにくいのも言葉が着ぶくれしているためである。急に脱がせれば風邪《かぜ》をひくし、その言葉を受ける相手もびっくりする。当分は言葉の勢いをそぐ婉曲語法とつき合ってゆかなくてはなるまい。人間の言語感覚は服装の流行のようにさっさと新しくなるものではないからである。

段落の感覚

話したこと

座談会へ出るのはいい。久しぶりに会いたい人に会えたり、ご馳走《ちそう》もある。それに原稿ほどの苦労もない。その時間になれば、否《いや》も応もなく、始まってしまう。どう考えたらいいかわからぬ問題でも、どうですと水を向けられれば、黙っていることはむつかしい。まさか、ちょっと想をまとめますから十分お待ち下さい、などと言えるものではない。何とか口を開くと、あとは自然に話がつづく。二時間もすれば、すべては終る。原稿ではとてもこうはゆかない。

そこまではたいへん結構なのだが、あとがいけない。速記ができてくる。このごろはゼロックスでとったものをもってきて、これをいついつまでに見て返してほしいと言われる。これを見るのが毎度のことながら怖い。席上どんなことをしゃべったか、もうすっかり忘れているところへ、幽霊みたいに速記があらわれて、これが先日の話の白骨だと叫んでいるみたいに思われる。一日のばしにのばせるだけのばす。催促されてもさらにのばす。ますます手がつきにくくなって、つくづく情ない気持になる。

話していることがつまらぬことであるのは、いまさらどうしようもない。頭の悪いのも生れつきとあきらめる。それにしても、この言葉はどうだ。話しかけていることが終らぬうちに、ひょいと忘れて、とんでもない脱線をしてしまう。本線へ帰ることを忘れて、そのまま尻切れとんぼ。Aについて語りだしたことが、いつのまにかBのことにすり変わってしまい、それが同じ文中なのだ。文法で破格構文というのを習った。口で話したり、感情が高ぶったときなど、新しい考えが矢継ぎ早にあらわれるため、文法上の関連が忘れられておこるものだという。そんなことがあるものか、と思っていたが、速記を前にすると、まさしくこれは破格構文の連続だと納得する。たいして感情の高ぶっていないときですら、前後の首尾が一貫しないのだから、どうかしているに違いない。いくら呑気な人間でも憂鬱《ゆううつ》になる。

ことに気の合った相手と談論風発の気焔《きえん》をあげたときがいけないようだ。逆に、じめじめしてすこしもおもしろくなかった座談会のときは速記の直しがいくらかすくなくてすむ。自分で司会をした経験でも、話のはずんだときは、活字にして読むと、何となくコクが足りない感じになり、話の盛り上りがなくてどうもおもしろくないようなときのほうが、読みものにしたときは読みごたえがする、ということに気がついた。話と文字の仲はあまり円満ではないのであろうか。

講演の速記も苦手である。このごろはテープレコーダー、カセット・コーダーなどでかならず録音する。あとで、機関誌に載せたいがよろしいか、ときかれるが、断われるかぎりはお断りする。話は話としてお聴き願いたい。読みたいのなら原稿を書く。それならその原稿を書いてくれと言われては困るのであって、原稿はご免蒙《こうむ》りたい。つまり、文字にはしないで下さい、ということです、ということを説明するのだが、わかってくれないことが多い。どうも耳だけに聴かせておいたのでは心配らしい。目にも証人になってもらわないと、わかったような気にならない人が多いのであろう。何とかして講演を記録しようとする。よけいなお世話だ。そんなことをするものだから、話をよく聴かない。どうせあとで雑誌に載ると高をくくっている。ひどいのになるとコックリコックリやっていて、あとでテープを聴くという。時間がもったいない。

講演の速記の困るのは、段落がなくてべっとり何枚も文章が続いていたりすることだ。ことに速記者でない素人がおこした原稿によくある。話のメモがあるときには、段落をつけられるが、そうでないときには、迷路にまよい込んだような気がする。それよりも、こういう頭も尻尾《しっぽ》もないような話が何と受け取られているのだろうかという不安がおこってくる。

速記の専門家がつくった原稿にはさすがに段落がついているが、それが、こちらの考えていたのと、ときに大きく食い違う。話をするときには、相当はっきりした筋道をつけて話をしているつもりである。たいていは、紙片に項目とメモを書きつけてそれを見ながら話す。それで筋道はいくらか通っているつもりだが、速記を見ると自信がなくなる。速記者が付けた筋道が別のところを走っているからである。そして、このほうがいいのではないかと思ったりもする。

初めのうちは、こちらが未熟で慣れないからで、やがてすこしはましになるだろう、と楽天的にかまえていたが、いつまでたっても、同じことの繰返しである。さすがにこのごろは、おかしいなと思いだした。自分の才能のことは棚に上げるとして、日本語は口で話すと、中心がぼけるのではないか。文章だって同じことだが、文字だとまとまった印象になることでも、耳から聴くとさっぱりおもしろくないことは、原稿を読みあげる研究発表などが例外なく退屈なことによっても明らかである。

聴くほうでも、話のまとまりがわるいし、話すほうでも、思うことをムダなく簡潔に表現することができない。文字でも達意の文章が書けているとは言えないけれども、文章以上に話しているときの言葉は哀れな状態にあるようだ。そのことを日頃はまったく気づかずにいるのだが、速記をつきつけられると、あまりのことに愕然《がくぜん》とするというわけだ。

読みやすさ

われわれは文章を書くときに段落（パラグラフ）のことをあまり気にしない。すこし長くなったから、このあたりで改行しようか、というので、新しいパラグラフを始めたりする。段落の感覚というものはなきにひとしい。もっとも、こんなところで改行して何たることか、と腹を立てる読者もないから、天下は泰平である。

これは有名な財界人の話だが、戦後、追放になって仕事から離れた。浪々？自適していると、原稿を書いてみないかという誘いを受けた。原稿用紙何枚という註文《ちゅうもん》である。この実業家はそれだけの枚数をびっしり、一字も空けずに書き詰めた。お側の人が、適当なところで改行しなくては、と注意したら、書かない分にまで原稿料を貰ってはいけないから、註文枚数だけは全部埋めた、と答えたそうだ。この実業家にはもちろんパラグラフの観念はない。まさかそれまで本を読まなかったわけでもあるまいが、段落に注意したことがなかったのかもしれない。小さいときには作文の教育も受けたであろうに、行を改めることは教わらなかったものと見える。

多くの日本人は、しかし、この実業家を笑うことができない。パラグラフとはいかなるものかと言われて、明快に、わたしはこういうパラグラフを基本として書いているなどと答えられる人はないからだ。どうしたらしっかりした構造の段落をつくることができるのか、だれからも教わったことがない。

戦後、やさしい文章はよい文章、短い文章はやさしい文章で、したがって、よい文章だという常識が海の向うから渡来した。短文主義である。段落も短ければ短いほどよいとされるようになった。もともと、新聞小説について、白いところがたくさんあるほど、読者が多いのだと言われていた。つまり、改行が多ければそれだけ読みやすいという印象を与えていたという話である。日本語は改行を好む言葉なのかもしれない。

そういう点をねらってかどうか、ほとんど一文ごとに改行するスタイルを始めた出版社があらわれ、その新書からベストセラーが続出して世間の目をそばだたせるということもあった。センテンスごとに行を改めていれば、形式上は詩に近くなる。そういう表現がわかりやすいかどうかは疑問であるけれども、読者に歓迎されるところを見ると、われわれは長いパラグラフが嫌いだとしてよかろう。これでは段落の感覚が発達しないのは当然か。

改行すると、その前に空白ができる。これがニュアンスを豊かにするのかもしれない。日本画は洋画と違って、バックを塗りつぶさないで白く残しておく。それもたんなる白ではなくて、主題に余韻を生じる空間である。文章でも、あまりべっとり書き込んでは興味をそがれる。要点をおさえて、あとは読む人の心に委《ゆだ》ねるのがおもしろい。

「言ひおほせて何かある」

　ヨーロッパの小説を読むと、すこしくどい感じがする。これでもか、これでもかとだめ押しをされているようで興ざめることがある。クライマックスに達したら、そこで筆を止めたらどうだ。そうすればおのずから余情がわき上ってくるではないか、とわれわれは思う。そのことと、パラグラフの終りのところを端折《はしょ》って、次の段落へ急ぐ文章の書き方とは一脈通じるものがないだろうか。

段落だけではない。ひとつの文でも、語尾はあまりはっきりしない、あるいは、言葉を半分呑み込んで、次へ移る。文頭もまたあまりはっきりしない。初めも終りもかなりあいまいな表現になっていて、それでいて何となく意味が通じる。日本語の不思議なレトリックである。そういう修辞がぎりぎりまでゆくと俳句が生れる。

パラグラフをこれ以上短くはできないところまで圧縮したのが俳句である。パラグラフはどうしても十行二十行の長さがなくてはいけないという感覚の発達している社会では、俳句は舌足らずの謎《なぞ》のようなものに感じられるに違いない。われわれにいわゆるパラグラフ感覚がはっきりしていないというのは決して偶然のことではない。伝統的に段落というものについての関心は薄かったとしてよい。

英語の教室で、段落ごとの意味を的確にのべられる学生はすくない。どこに中心をおいて理解すればよいかわからないらしい。また、日本語を英訳するとき、日本語のパラグラフを無視して英語にする学生、英語を和訳するときも原文のひとつのパラグラフを勝手にいくつかのパラグラフにして訳して平気な学生もすくなくない。われわれの社会では段落は文ほどはっきりした単位ではないのであろう。読みやすさのためには、なるべく小さなパラグラフに分けたほうがいい、というのがこのごろの傾向である。

流れを切る

俳句に切れ字という措辞がある。言葉の流れを突如として切る。そこに見える表現の横断面の美しさに注目する手法である。日本語はこういう断切の修辞にはすぐれている。パラグラフを突如として終って、新しいパラグラフへ移るのも、切れ字的であると言うことができる。

切るのは切りやすくできているが、逆に言葉を積み重ねる建築法はあまり発達しなかった。天二物を与えずというわけか。ヨーロッパの言語は切ることは難しいが、そのかわりパラグラフはがっしりした単位で、これを重ねると、いくらでも長い表現が組み立てられる。ちょうど、煉瓦《れんが》のようなものである。日本語は豆腐のようなものだ。形は似ていても実体はまるで違う。煉瓦はしっかり積んでゆけばどんな大きな建築もできるが、豆腐は三つか四つ重ねたら崩れてしまう。ひとつひとつを独立させるよりしかたがない。

欧米の人が本を出すと言えば書き下ろしが当り前になっている。こういうことを書くには、何章くらい書けばよいか、一章には何パラグラフを収めたらいいか、それで全体では何パラグラフになるかの見当をつける。一パラグラフが平均百五十語とすれば、二十パラグラフ一章とし、十章で一冊になるとすれば、その本は約三万語の長さになる。一日に五パラグラフ、七百五十語ずつ書いてゆけば、四十日で書き上るはずだとなる。

われわれの書き下ろしの計画ではこういう計算は立たない。だいいち、何章になるかは書いて見ないとわからない。ひとつの章が何パラグラフになるか、などというのは考えてみたこともあるまい。気持ではすぐにでもできるように思っていながら、いつまでたっても完成しないのは、設計図なしで家を建てるようなもので、霊感が訪れると一気呵成《かせい》に書き上げられるけれども、その霊感は明日やってくるか、十年先になるかは、だれにも見当がつかない。書き下ろしは至難の業とされる。それでときにそういう本が出ると、版元は鬼の首でも取ったように、書き下ろしを謳《うた》い文句にする。

書き下ろしができないから、あちらへ十枚、こちらへ五枚と書いたものを集めて一冊にすることになるが、こういう本は、互いに関係のあまりはっきりしない大きなパラグラフや章の寄合世帯のようなものになる。それが、書き下ろしに劣らぬ魅力をもつというのも、読者のパラグラフ感覚があいまいだからである。あるいは融通無碍《むげ》だからである。そういう本を本と言ってはばからない。

ところが、イギリスなどでは、こういう寄せ集めの本は本（ブック）とは言わない。T・S・エリオットと言えば、二十世紀イギリス文壇の大立者《おおだてもの》で、われわれから見れば著書もたくさんある。ところが、イギリス人からは「エリオットは一冊も本を書かなかった」と言われた。エリオットは珍しく日本流の書きためたものを集めて本にすることを一生続けていたのである。

本だけではない。アメリカの大学の講義では、先生がはじめに一年間の予定をプリントか何かにして学生に渡す。よほどのことがないかぎり、その予定は変更されることがない。われわれの行き当りばったりとは大変な違いである。われわれは途中で気が変わって別のことへ話がそれることはむしろ普通で、そういうことがないと単調でいけないように思う。煉瓦を積むにはしっかりした方針がないといけないが、豆腐を横に並べるのは、ひとつひとつの豆腐のおもしろさが問題であって、相互の関係はそれほど問題にならない。そのかわり、豆腐式講義は、途切れ途切れの、抒情詩かアフォリズムのようになる。

そういう豆腐のような言葉では長大篇をまとめることはむつかしい。西欧には何千行という詩もあるけれども、わが国ではせいぜい数十行が限度で、長くなると、かえって詩的迫力の殺《そ》がれることもある。詩想における単位がはっきりしていないので、長篇の構築がうまくゆかないのであろう。

散文でも、やはり、長いものが書きにくいのが日本語である。日本の古典はたいていごく短いものである。パラグラフをしっかりさせているものもすくなく、たいていは、切れずに全体がつながっている。段落という考えは、日本の昔にはなかったのではないかと思われる。どうして、そうなったのであろうか。

話のパラグラフ

パラグラフというものは、文章にしたときはっきりあらわれる。改行したところから、次の改行するところまでが一段落であることは一目でわかる。それでパラグラフは文字表現の単位のように思われているが、果してそうであろうか、という疑問がおこってくる。

東洋の言語は文字表現を重視するが、文章の中では段落の区切はあまり重要でない。ヨーロッパではギリシャの昔から、言葉は話し言葉が中心であった。そういう社会でセンテンスだけでなく、パラグラフがきわめて大きな役割を果してきたことを考えると、話し言葉によってパラグラフの基本概念ができているのではないかと思われてくる。段落は文章表現の単位である前に話し言葉の単位なのであろう。

速記の文章が体をなさないのは、話し言葉の単位をつかんでいなくて、書くように話しているから、乱れが出てどうしようもなくなってしまうのである。講演のまとまりが悪いのも、書くようなつもりで話しているから、パラグラフの切れ目がはっきりしなくなる。

話す側だけでなく、聴く側の理解が悪いのも、耳に段落をまとめる能力がついていないからである。幼いときから、パラグラフのはっきりしない、詩のような独立性の高いもの、切れる表現には慣れていても、つなげて、まとめる理解の訓練はまるでできていない。人の話を聴いても、収斂《しゅうれん》しないで、ザルに水を流し込んでいるように片端から消えてしまう。

近年はどこの学会でもシンポウジアムが流行している。講師が数名、めいめいの考えをのべる。聴衆が質問して、それに講師が答える。こうして問題を煮つめてゆこうというのだが、あまり成功しない。すくなくとも、数式などではなく言葉がものを言うところではうまくゆかないようだ。お互いが耳で聴いたことをしっかりまとめられないためである。講師が何を言おうとしているかを見極めないで、たまたまひっかかりを与える枝葉のことについて質問が出る。そんなことには答える必要がないのに講師が脱線気味の答弁をする。そのあたりからバベルの塔の話し合いになってしまう。もう主題などどこへ行ったかだれも問題にしないで、末節の兎《うさぎ》を追いまわして、それで時間となる。

それでも質問が出ればいいほうで、ときには質問らしい質問もないまま終ってしまうこともある。何のためのシンポウジアムかといいたい。枝葉にまどわされず根幹を把握する耳の修練ができていないうちに、形だけ外国のまねをしてもしかたがないのである。もちろん、すべての責任が聴き手だけにあるのではない。話をするほうでも、頭に入りやすいようにするにはどうしたらいいか本気になって考えたことがない。パラグラフをはっきりさせて話していることは皆無と言ってよい。

大勢の人の前で話をする習慣がわれわれにはすくない。二、三人で座談をしているときには実に味のある話のできる人が、集会などで話をすると、まるで精彩のないことをのべる、という例はいくらでもある。そして、そういう公の場のスピーチなどおもしろくなくて当り前という常識もある。改まった席の挨拶《あいさつ》はその場で考えて言うのではなくて、紙に書いてきたのを読むのが正式のように思っている。しかも、その草稿はたいてい下役の書いたものというのでは、話し言葉の感覚の育つわけがない。

イギリスの子供は、幼いとき、「よその人の前では黙っておいで、口をきいてはいけません」(チルドレン・シュッド・ビー・シーン・アンド・ノット・ハード)という躾《しつけ》を受ける。子供が片ことみたいなことを話してはいけない。じっと大人の言うことを聴いていなさい、というのである。聴く教育は家庭でもおろそかにしない。教会では牧師の説教がある。これもよく聴かなくてはならない。他人の言葉を聴く教育ができる。耳が発達していて、一度聴いたことはしっかり理解する。パラグラフの感覚もしっかりしているから、どういうことが、どういう順序で語られたかもよくとらえている。だから言論を社会生活の柱にすえることができるのだ。われわれは、みんなが口でものがうまく言えない、耳がしっかり聴き分けられない社会に生きているから、別に不便を感じないが、実はたいへん、大きなムダなことをしていることになるのである。

終りよければ

露払い

落語で枕《まくら》をふるという。

さりげない前置きの話をすることで、本題とは関係がない。いわばのどならし。オーケストラが演奏に先立ってヴァイオリンの音を合わせるようなもの。あるいは、鐘をつくときに、はじめに捨て鐘をつくのに似る。除夜の鐘は百八つくが、この捨て鐘は数に入らない。露払いをして調子をととのえてから本調子を始める。

これは、ものの始めに何か好ましくないものがあるから、それを取り除いてやるという考え方を反映しているのかもしれない。そう言えば、井戸の水も上水をとってから飲み水を汲《く》む。およそものごとは、最初があまりむき出しに強いと相手に対する当りが強すぎる怖《おそ》れがある。それで緩衝器のようなものをつけてから始めるというのであろうか。

初めを慎む。あらわな冒頭を嫌う。できるだけ、ソフトな出だしがいい。そういう気持の人間から英語の表現を見ると、初めの当りがひどくごつい。

「君は私の仕事を助けることができるや」

「ノー。私はいまあまりにも忙しい」

こんなやりとりをしても、ノーと言われた側で腹を立てない。こういう返事に馴《な》れているからショックを受けたりはしないのである。われわれの間だと、ぶっつけにノーではおだやかでない。

「お手伝いできるといいんですが……」

「やらせて頂きたいと思っていたのですが、あいにく……」

初めの部分はいわば枕である。本音は終りのほうに、しかも、そっとかくれているノーなのである。英語にも「なるほど……ではあるが、しかし……」という言い方があって、前半の部分がかなり長文になることもあるけれども、やはり枕で、本意は、しかし……以下のところにある。英語ではこういう表現はむしろ例外的であるようだ。しかも、会話などではあまり用いられないで、文章の上での技巧のように思われる。

ところが、日本語では、なるほど……ではあるが、しかし……という言い方のほうがむしろ普通である。自分の考えとは逆のことを言っている相手に対してでも、賛成できません、とのっけから言うのではなく、一応相手の顔を立てて、お考えはもっともで、私だって同じ立場にあれば同じようなことを考えるでしょうが、と始めて、かなり相手の顔を立てる姿勢を示す。これが長くなると、聞いているほうではひょっとするとほんとうに同調しているのではないかという錯覚にとらわれる。また、ときには、外見上の同調部分だけをのべて、本意の反対意見は言葉を呑んでぼかしたまま引き下ることもすくなくない。だからと言って賛成していないのはもちろんだ。むしろ、こういう内攻した反対のほうがかえって厄介なものである。枕が長すぎて本題がかくれる、といった交渉、会談が意外に多い。日本人の言語意識はなかなか繊細であるから、そっとさわらないと傷つく。それでつい枕が長く、ていねいになる。

ある学会で、遅刻して会場に入ったら、若い研究者がほかの学者の研究をいちいち紹介しているところだった。きいていると、そういう先行研究をいかにも高く評価しているような口ぶりであったが、ぎりぎり最後になって、ごく簡単に、私はこれらのすべての研究に反対の立場をとっているのだ、と言って壇を降りた。それまでの話はここでどんでん返しにあったことになる。

落語に下げとか落ちというものがある。話の終りへきて効果的なしゃれや語呂《ごろ》合せなどを置いて全体をしめくくる技巧である。はじめに枕をふって、とりとめない話をしておいて、終りのところで、どんでん返しのような、下げや落ちをつけるのが日本的発想だが、これは落語に限らず、学術研究の発表にまで同じ傾向が認められるからおもしろい。

始めも大事でないことはないが、終りがことに重要である。まとまった話でもそうだが、短い文などでも文末が大きな役割を果す。さらには語尾が日本語の調子を決定する。おもしろい話は語尾がおもしろいのであるらしい。そして、語尾のあとに適当な間をおくのが話をおもしろくするコツだという。

イギリスのオックスフォード大学に有名な講義のうまい教授がいた。このごろは一般に講義に人気がなくて教室は寒々としているのに、図書館は超満員という現象が一般化し、学生はこれをグーテンベルク革命などとふざけているそうだ。ところがこの教授の教室はいつも学生があふれる。話がおもしろいからだ。おもしろおかしい話をするわけではない。早口にしゃべって、ところどころで（それがむつかしいわけで、生来の勘としか言いようがないのだが）、思い切って長いポーズを置く。やがて聴衆が教授の思いのままに動くようになるというのである。そういうことが人間業としてできるのであろうかと思うが、実際は想像以上だということだから話のうまい人の伎倆《ぎりょう》とはすばらしいものだ。話すときは英語でも終りが大切らしい。

われわれのまわりには、おもしろい話というものが実にすくない。もっとおもしろい話がないかと思うが、何がおもしろいかときかれても困る。とっておきの話やここだけの話はおもしろいことはおもしろいが、それは材料が好奇心をそそるためのおもしろさである。何でもない話をおもしろくするのが、話術などでできるものではないことを承知のうえで、何かコツみたいなものはあるはずだと考える。われわれは真面目《まじめ》一点張りの書生論みたいなものに目の色を変えていて、おもしろい話のおもしろさを忘れてしまった。外国のものを訳して理解する。これはもう外道である。おもしろいもおもしろくないもない。ただ、わかるかわからないか。正しいか誤っているかが問題である。本を読んで心から笑うというような経験はきわめてすくない。本だけではない。芝居を見たって思想の研究会をしているみたいに緊張していて、笑い声は役者の下らぬ仕ぐさに対してときたまおこるくらいのものである。

話をおもしろくするには、文末、語尾に留意する必要がある。関東の言葉は歯切れはいいかわり、語尾の変化に乏しく、切れたところが殺風景でふくらみがない。漫才が上方《かみがた》言葉だと笑えるのに、東京弁だとさっぱりおもしろくないことがあるのもそのせいだろう。語尾に愛嬌《あいきょう》があるのが関西弁で、このことはあまりよく知られていない。東京の言葉を標準語なとというので、関西弁を方言のように誤解している人もあるが、東京言葉こそ混合方言で、洗練されていない。

言文不一致

日本語は目の言葉と耳の言葉が別々になっている。言文一致などというから、話すように書き、書くように話しているように思っている人があるかもしれないが、言文は決して一致していない。言文別途である。文章を活字で読んでいると、完全に黙読できる。したがって、斜《なな》読《め》み《よ》という読み方も可能になる。斜読みとはつまり文字を絵として眺めることにほかならない。外国語は日本語よりずっと言と文の距離が小さいから、文字を読んでも声帯のどこかはかすかに動いている。それでなかなか完全な黙読はできにくい。速読には黙読が前提になるから、彼らは黙読の練習をいろいろするのである。

日本語は黙読はしやすいが、裏をかえせば読んでいるときに耳は遊んでいる。あるいは、耳が泣いている。ことに○○的、××主義といった漢字の多い論文などでは声のことなど考えていられない。そういう論文が多く載っているような雑誌は沈黙の世界になる。何とかすこし耳を働かす読みものはないかということで、座談会記事が考案された。これはわが国独自のものだと言う。耳の泣いている社会でないと生れないものなのであろう。

近年この座談会記事が目立って多くなった。人気が高まっている。テレビなど音声の言葉に親しんでいる人たちにとって、砂漠のような活字の沈黙には抵抗があるのかもしれない。同じ活字でも座談会記事だと目だけでなく耳でも読むことができる。どうして耳まで刺戟されるのかというと、語尾が生きているからだ。速記の手入れで語尾を整えすぎたりしてはいけない。

また、対談ものの本がよく売れる。かつては談話ものは本にしても売れないというジンクスがあって、そういうものが出版されることはほとんどなかった。ところがこのごろは一種のブームの様相すら呈している。耳で読みたい読者がそれだけふえているのに違いない。いろいろ活字になった座談会や対談を見ていて気づくことは、おもしろい語り手の多くが関西の言葉を丸出しにして使っていることで、これも以前には見られなかったことだ。関西弁の語尾を見ると耳で読んでいる実感がわく。独特なおもしろさもそこから生れる。東京の人に言わせると、上方言葉は語尾がふにゃふにゃしているというが、実際は、裾《すそ》まわりがしっかりして安定した日本語なのである。動詞も生きている。日本語は動詞でもっているようなものだから、語尾が自在に働けるのは何としても強みである。

京都の人たちのジャーナリズムでの活躍がきわ立つようになって久しいが、独自の発想のおもしろさもさることながら、それを包んでいる円《まろ》やかな語尾が人気の秘密のように思われる。話し言葉の速記だけでなく、書いた文章にもどことなく関西言葉の語尾の響きがただよっている。

外来の文化が渡来するとき、まず、目をひかれるものは、具体的な面である。舶来パリパリというのは、品物について言う。制度や思想などもやがて注意されるようにはなるけれども、やはりモノゴトに目をひかれる。つまり、動かない。

動かないモノゴトを表現するのは名詞で足りる。したがって初期の翻訳文化では大量の名詞を急造しなくてはならない。新名詞群ができれば、外見上はいかにも外来文化の摂取は終ったかのように見える。動きを忘れた社会だから、外来のものを動かしてみようという試みもほとんどなく、むしろ、そのままをそっとしておくことが正統派のやり方とされる。みだりに変化を加えてはいけない。とすれば、名詞は必要だが、それを動かす動詞はご用なしということになる。名詞では新しい訳語を造ったのに、動詞については在来のものをそのまま使用しつづけた。

名詞は多く文のはじめのところに置かれる。しかもそれが脚光を浴びた新文化を担う新造名詞であるとなれば、読者の注目はおのずからそこに集まる。他方の動詞は相変らずのものであって、とりたてて言うべきものがない。もともと日本文の重心は下のほうの動詞にあったのだが、翻訳文化になって名詞に引きずられて重心が上のほうへ移った。近代の日本語がどこか不安定なのは動詞構文がこうして名詞構文化しているところに起因しているのではあるまいか。

中心から外された動詞が発達不良になるのは止《や》むをえない。言葉は名詞中心になり、いよいよ観念的性格を濃くすることになる。そういう表現がほんとうに心にしみるものであるのはむつかしい。われわれが文章を読んで、膝《ひざ》をうって共鳴するというようなことがすくないのは、大きな不幸でなくてはならないが、すでにそれを不幸と感じなくなってしまった人が多いのは、いっそう大きな不幸というべきである。

おもしろい言葉を復活させるには、上のほうへつり上ってしまった文の重心をもう一度引き下げることだ。動詞を生き生きさせなくてはならないが、百年ものあいだ、半死半生だったものが急にピンピンするはずがない。そこで注目され出したのが語尾の豊かな関西弁というわけだ。硬い感じの表現も語尾をふっくらさせるだけでずっと温かみを増す。観念の世界が感覚の次元へ戻ってくる。そして、ことばは音声であるという自明の理を改めてかみしめることができるようになる。対談もの、座談会記事の流行は一時の現象ではなく、近代日本語の構造的変化を象徴する意味をもっている。翻訳文化の時代は静かに終ろうとしているのであろうか。

かつて中国から漢文が入ってきた。それがすべて観念的言語であったというわけではないが、漢語漢文で日本人の心情をあらわすことはできない相談である。やがて万葉仮名のようなものが考案されて、文字は外来のものによりながら、調べは土着のものを伝えた。それに比べて、明治以来の外来文化は、文字こそ何とか日本語化しはしたものの、調べはすっかり忘れてしまった。そのためにわれわれは近代の和漢朗詠集をもつことができないでいる。平安朝の仮名文学が生れて、遣唐使派遣以来の翻訳文化の一周期が終った。明治以来百年を経た今日においても、なお、平安朝に匹敵するような言語文化をもっていないのは、言語についての方針を誤ったためではなかろうか。名詞だけに目を奪われて動詞をないがしろにしたためではなかろうか。いま、速記ものの人気によってかろうじて、この弊がとりのぞかれようとしているけれども、翻訳文化の毒におかされた頭には、なお重要な問題として考えられることもすくない。

見出しのもつ意味

日本語は終りよければすべてよし、の構造をもっているが、その中にあって、初めよければあとはよし、という原則にもとづいている表現がある。しかも、それにわれわれは毎日触れている。

新聞である。新聞記事の書き方は初めのほうほど大切で、見出しがいちばん重要である。見出し読者が許されるわけだ。記事本文の第一パラグラフに大事なことはほとんど入ってしまう。いつ、どこで、だれが、何を、なぜ、どうした。第二パラグラフ以下でそれをときほぐしてゆく。そして、最後には、目撃者の談話とか識者のコメントなどが付け足しのように加えられる。

新聞記事は、その日のニュース量の多少によって扱いが大きく異なってくる。ニュースのすくない日だとかなりゆったりしたスペースを割り当てられる記事が、ニュースの輻輳《ふくそう》する日に当ると大手術を受けて頭だけになってしまう。同じ日でも、はじめは六十行の記事だったのに、後の版で新しいニュースが入ってきたために二十行に圧縮されるということもある。そのときに、不可欠要素が後方にあると削るのに不便だから、大切なことはなるべく前のほうで全部出るようにしておく。どこで切っても、書きなおしをしないでなんとか通用するようにするには前方重心型の書き方をしなくてはならない。

この記事文の構造は、たとえば、英語のように統語法上も初めよければすべてよしの型を示している言語においては、きわめて安定したものでありうる。しかしながら、日本語のように、元来は下方重心型で、語尾が大切で、パラグラフの構造でも同じく末尾が重要な言語であると、これが真向《まっこう》から衝突する。日本語の構造は富士山型をしているのに、新聞文章は逆三角形、逆さ富士の形をしている。

新聞がおびただしい部数を誇っており、どこの家庭でも最低一紙は購読されているのに、読者が新聞から深い影響を受けることがすくなく、ほんとうにおもしろいという感じをうけていないとするならば、この三角形の向きが日本語の感覚と逆になっていることがひとつの原因であるかもしれない。富士山型の新聞記事を書くことは不可能なのであろうか。

週刊誌が何のかんのと言われながら、読者の心をとらえて離さぬところがあるのは、新聞にくらべてはるかに、終りよければすべてよし、の日本語的発想に忠実になりうるからであろう。関西の人の言葉がおもしろいと感じられていることとも無関係ではあるまい。日本語では、もっと終りに、裾まわりに気をつける必要がある。そうでない表現はどうもわれわれの心にしみることがすくない。

このあいだ、優良？週刊誌の編集長たちと会って話をする機会があっておもしろかったが、そのとき、新聞と週刊誌の違いがいろいろ論じられたけれども、新聞文体が初めよければの方針にのっとり、週刊誌の文章は終りよければの構造をもっている、ということを言いたかったが、何となく気おくれして言いそびれた。それで覚え書きとしてここに書きつけておく。

部屋のうち・そと

ドラマの場所はどこか

シェイクスピアのドラマはどこで起っているのか。そういう疑問をいだいて、すこし調べたことがあった。各幕各場のはじめに場所を示すト書《とがき》がついているから、それを手がかりにするわけだが、実は、このト書がくせものなのだ。

シェイクスピア自身はそれらのト書にまったく責任がないからである。作者の死後百年して十八世紀になってから、編纂者《へんさんしゃ》たちの手になったものだが、なかなか簡単な仕事ではなかったと思われる。本文の中にはっきり場所があらわれているところはよいが、どこでもいいようなところでは解釈を下さなくてはならない。そして、場所のあいまいなシーンがシェイクスピアにはたいへん多い。

そういう問題をはらんでいることを承知のうえで、各シーンの場所を戸外と室内に大別してみた。そしておどろいた。戸外、屋外の場面が実に多いのである。戸外のシーンの百分比(シーンの総数で屋外のシーン数を割った数字)は、たとえば、「あらし」と「恋の骨折損」では一〇〇、つまり、全篇が戸外で行われていて、室内のシーンはまったくない。ついで数字の高い順にならべると、「ジュリアス・シーザー」(八九)、「トロイラスとクレシダ」(八八)、「お気に召すまま」(八六)、「間違いつづき」(七三)、「リア王」(六二)、「マクベス」(六一)、「オセロー」(六〇)、「ヴェニスの商人」(五八)、「ロミオとジュリエット」(四六)、「ハムレット」(二五)などとなっている。

戸外のシーンのほうが多い作品、すなわち、カッコ内の数字が五〇以上のものが何と二十六篇もあり、全作品の七割に達する。「ハムレット」(二五)というのはきわ立って戸外のシーンのすくない作品であるが、たとえば、その第一幕第三場は「ポローニアス邸の一室」となっているが、オリヴィエの映画「ハムレット」では港の見える小高い丘のようなところになっている。このように室内とされているものにも室外にしてよいものがあるということで、二五という数字はもうすこし大きくなる可能性がある。

戸外のシーンを示すト書で目立つのは、「ローマ・ある街路」「広場」「市場」といった漠然たるものが多いこと。さらに、「…邸の前」という不思議な場面設定がかなりある。邸の前まで来ているのに中へは入らず、中途半端なところで芝居が進められることを暗示している。

シェイクスピア自身は、しかし、そんなことは気にしていなかった。芝居が室外でおこったことにするか、部屋の中にするか、などはエリザベス朝時代の劇場ではほとんどだれも問題にする人はなかったに違いない。劇場そのものもいまのように完全に屋内におさまってしまっていたのではなく、舞台や一部の客席には屋根があっても、平土間《ひらどま》は青空劇場であった。芝居もそのつもりでやらなくてはならなかった。

シェイクスピアの作品は一般に、たいへんおしゃべりな感じがする。とくに、人の死にあたっての愁歎《しゅうたん》のせりふがいかにも口数が多くて迫真感を殺ぐように思われる。せりふの調子もかなり高い。もっと低い声で語ってくれたらいっそう心にしみるであろう、と感じることもすくなくない。そういう特色も、要するに、シェイクスピアの芝居が、戸外を頭においてつくられていることによるのである。どこでおこっている事件か、はっきりしないことが多いのだが、何となく広々とした空間を感じさせる。戸外の演劇なのである。シェイクスピアはイギリスの歌舞伎《かぶき》だといわれるが、日本の歌舞伎は、これほど開放的な空間で構想され、理解されたことはあるまい。

ところが、シェイクスピアの歿後《ぼつご》、イギリスの演劇も屋内へ入ろうとする傾向を見せるようになった。青空劇場は考えられなくなる。エリザベス朝のステージはお能の舞台のように張り出していて三方から眺められた。舞台の装置がいっさいなかったのも能舞台と同じである。それが十八世紀になると、フランスの影響で、舞台の張り出しをひっこめ、舞台と客席のしきりにカーテンを引くようになった。舞台は広々した空間ではなくて、室内に変わった。さらに部屋の四つの壁のひとつを外して、そこから観客がのぞき見する建前をとっているのが近代劇の劇場である。そこへシェイクスピアをのせようとすれば苦労があるのは当然だろう。

戸外的なシェイクスピアを何とかして、四つの壁の中へ納めることはできないか。それでト書をつけてみるが、いくら無理をしても屋根の下へすらすらとは入ってくれない。やむなく「…の前」といった苦しいト書を案出しなくてはならなかったというわけだ。テクストと抵触しないかぎり室内のシーンにしようとしている痕跡《こんせき》は、さきの「ポローニアス邸の一室」にも見られる。暴れ馬がなかなか厩舎《きゅうしゃ》の馬房に入ろうとしないように、シェイクスピアは近代劇の舞台におとなしく納まっていないように思われる。近代劇場で演じられてもなお、荒野で叫んでいたときの調子は失っていないから、どうしても言葉がつよすぎるという印象を観客は抱く。

しかし、こういう演劇の問題だけでなく、イギリスの言葉が、戸外的なものから室内的なものに移行しつつあったことを認めてよいのではないかと思われる。シェイクスピアと十八世紀の劇場はその移動を示す二つの点であるにすぎない。ただ、考えてみると、戸外語が栄えるような社会でないと演劇というものも発達しないのではないかということがふと頭をかすめる。

独白的表現

日本語は室内語として洗練され発達してきた言葉である。方丈の室内でしめやかにもの語りするにはこんなに適したやわらかなことばはないけれども、公衆を前にして演説をするにはあまり適していない。福沢諭吉は日本語でスピーチ（これを演説と訳したのもほかならぬ福沢であるというが）することは絶望的だとすら述懐した。福沢ほどの人でも演説に日本語が不向きであると断定せざるを得なかった。それほど日本語は部屋の外へ出ると弱い。

こういう日本語に演劇文学が貧困であるのは偶然ではないかもしれない。すくなくとも、シェイクスピアのように、戸外で叫び、わめくタイプの演劇は栄えない。四畳半の部屋に対座しているのでは、いわゆるドラマティックな対立は起りにくい。かりに対立があっても、それを眺める第三者がなければドラマは成立しないから、四畳半の悲劇は言葉を呑み込んで怨念《おんねん》を内攻させる。うらめしやの芝居になる。

室内劇というものもないわけではないが、演劇はどうもある程度は開かれた空間というものを必要とするように思われる。日本語をとりまくのは閉ざされた空間で、そこでは演劇は求められない。求められないものが生れるはずがないから日本の文学に演劇が栄えないのは当り前ということになる。

そのかわりかどうかわからないが、独白的表現がよく発達する。いつまでも独白をつづけるバカはいないから、独白は沈黙へ向って昇華する。短ければ短いほど含蓄が大きいように感じられて、短歌が成り、俳句があらわれたのである。すべて詠歎の調子をおびる。日本人が情緒的であるというよりも、むしろ、日本語の室内語的性格がしからしめたと言うべきであろう。われわれは人前でものを言うのに何かためらいを感じる。改まった口をきくのが好きでない。ちょっとしたスピーチを頼まれても、ひどく負担に感じる。ほんとうに食べものの味がわからなくなってしまうこともある。室外語の伝統のある社会だと、会で話をたのまれることを光栄として喜ぶ。そして、どうしてみんなを喜ばせてやろうかと工夫をこらす。食事がまずくなる人間がいるなど理解できないに相違ない。

アメリカで日本人のスピーチがあるのだったら、消化剤をもって行けという笑い話があるらしい。日本人のスピーチにはヒューマーもジョークもなくて笑えないから、たべたものの消化が悪いという皮肉である。なるほどスピーチは下手でおもしろくないかもしれないが、これまでそういう訓練がまったくなかったのだから、しかたがない。いまでも、社会全体としてみれば、ものを話し聞くことに対する関心は、ものを読み、書くのに比べていちじるしく低い。文章がうまく書けないといって気にしている人は多いが、話がうまくできないといって悩む人はそれほど多くないだろう。

しかし、これについても、若い世代ではかなりはっきりした変化が起っているようだ。それを端的に示しているのが結婚式の披露宴である。スピーチは大体において年齢の高い人から若い人への順で行われるが、あとになるにつれて話がおもしろくなる。友人の話がもっともおもしろいのは材料があるからおもしろくなるということもあるが、それだけではない。不特定多数の人間に語りかける言葉を若い人が知っていることによるのである。年輩者の多くは茶の間や会社の仲間と話すときのような話を妙に改まって言うだけだから、話し手を知らない人が聞くと、すこしもおもしろくない。若い人はいつの間にか日本語を戸外語のほうへもっていっているようである。それは、「あげる」が正しいか、「やる」でなくてはならないか、といった枝葉の論争よりもはるかに大きな問題をはらんでいる。若い人の考えがわからぬとこぼす年輩者は、若ものの戸外語を室内語に翻訳することの困難さを訴えていることがすくなくない。

もし、日本語が戸外語の性格をもっとつよめるならば、新しい演劇の育つ可能性もあるわけで、それはそれとして慶賀すべきことだ。

男女の声の変化

このごろの言葉にはいろいろ耳ざわりな言葉が多い。まず、言葉づかいではないが、女の人の声がいやに大きく高いと感じることがある。乗物、エレベーター、レストラン、喫茶店などで女の人の話す調子がこれまでと違ってきた。その違い方は一口に言えば、室内的だった女の人の話し方が戸外的になったと言うことができるだろう。口を大きく開いて話すから遠くまで届く声になる。四畳半の日本語では口をあまり大きく開けるのははしたないことである。昔、はじめて英語を習ったとき、ネコのキャットを発音するのに、ものを吐き出すような口の形をしなくてはならないのは、いやだなと思ったことがある。そういう音は悲鳴でもないかぎり、まず日本語では聞くこともないのである。口の形が大きくなれば、当然、発声のための呼気の量もちがってくる。子音がつよく発音される。

おもしろいのは、女の声が大きくなるのにひきかえ、男の声、ことに若い男の声が低く小さくなっているらしいことである。いい年をした大男が蚊のなくような話し方をしている。そばで女がわめき散らす。はたできいていると、まさに男なきがごとしである。

ワレワレハァー、ワレワレノォー、シュチョウガァー、ゼッタイニィー、セイトウデアルコトヲォー……こういう口調は、大学紛争で世間にもおなじみのものとなったが、いまでは平和な会話にも広まっている。とくに学校では、これ以外の調子は時代おくれと感じられているのではないかと思われるほどだ。ある大学の大学院入試で口頭試問が行われたが、受験者が姓名をきかれて、

ワタクシノォー、ナマエハァー……

とやって老教授をびっくりさせたという。改まった口をきくとみなこうなるのだという学生もいる。小学生の口癖に、○○デースというのがある。これも、ことに若い女性を中心に広まっているようだ。

元来、日本語の語尾は弱勢で力を入れないで発音されてきた。語尾がはっきりしないのが普通の調子だったのである。○○ノォーとか、○○デースのように、わざと末尾を強調するのは、これまでの日本語が下降調（フォーリング・イントーネーション）であったものを意識的に上昇調（ライジング・イントーネーション）にしようとした結果と考えられる。言いかえると、室内語としての日本語が戸外語化しようとしているということである。これはきわめて大きな変化といわなくてはならない。もちろん言葉だけの問題にとどまるものではなく、心理的にも深いかかわりをもたずにはいられない。

さきのような口調がまず学校で始まっているのは偶然ではなかろう。教室は室内というにはあまりにも開放的であるし、それかといって屋外というには閉鎖的である。どっちつかず

の場所である。そういうところで話されるのに適した日本語がこれまで発達していなかった。かつてわれわれ生徒が先生の質問に答えるとき、奇妙な不安を覚えたのは、使うべき言葉をもっていなかったことを物語っている。授業中に教室でみんなの前でしゃべって楽しかったという経験をもっている子供は例外的だろう。みんなバツがわるく、つらい感じをしている。ところが、戦後の教育はクラスで話し合うことが多くなった。この点とくに小学校の教育は大きく変わったように見受けられる。社会科の時間など先生と生徒は遊んでいるのかと思われることがある。子供たちはものおじしないで自分の思ったことを言う。そのときの口調がデース調である。これまでの室内的日本語をすてて、パブリックな発言に向く言葉づかいをつくりあげているのかもしれない。それにともなって、つい声が大きく、高くなってしまったということだろうが、子供にその変化に気づけというのは無理である。言語的現実に順応することの上手な若い女性に声高な人がふえているのは当然の現象としてよかろう。

もうひとつ室内的日本語を解体させようとしているものがテレビである。テレビは茶の間にあるが、そこから流れ出る言葉は戸外語である。すくなくとも教室と同じくらい広い空間で発せられる言葉であって、決して室内語的ではない。とくにコマーシャルは完全に茶の間が六畳、八畳の小部屋であることを忘れて、あるいは無視して、大きな声でほえまくる。毎日何時間もそういう音にさらされていれば、語感がおかしくなってくるのも不思議ではない。

家の中でもみんなの声が大きくなって、戸外語を使いあうようになるというわけだ。それに、ささやくような話し方をしていたのでは、用を言いつけてもテレビの音にかき消されて相手に伝わりもしない。

生活の様式も変わって、外で仕事をすることが多くなった。ことに若い女性が職業をもつようになって、戸外の会話が重要になってきた。これまでだって、農業では女性は大切な働き手であったが、田畑で働く人はひとりぼっちの時間が多い。会話にうつつをぬかしていては仕事にならない。ところが近代産業の働き手たちは話し合いが仕事の一部になる。家の外の言葉が大きな意味をもつようになっておかしくないのである。

こうして、日本語は、すこしずつ、あるいは、急速に、戸外語になろうとしている。

これは肉声だけに限らない。

文章のスタイルにも及んでいる。このごろやたらと調子の高い文章が多くなった。ことに若い人たちの文章がそうである。かつての、独白的詠歎調にかわって、読者に向って、つよく訴える説得調の文章が流行している。

文末、語尾にこれまでならつけなかったような調子をとる接尾辞のようなものをつける。……のさ、とか、のかな、といった口語調が文章にあらわれるようになっており、新しく言文一致が意識されているのかもしれないと思わされる。そう言えば、かつては出版物として決して成功しないというジンクスのあった速記もの、座談会記事や対談を本にまとめたものが、人気を集めている。やはり、文章の口語化のあらわれだろう。その口語が戸外語化しているのだから、文章もまた戸外語化しているとしてよかろう。

しかし、戸外語としての日本語が美しい文章を生むようになるまでには、まだいくつもの峠を越さなくてはならないように思われる。もし、それが可能であれば、われわれは、すぐれた演劇をもつことを望みうるようになるはずである。

中間話法

噂の伝播

「ここだけの話だけどね」などという前置きで始まる噂《うわさ》を聞くと、胸にしまっておけないで、これなら大丈夫と思う人に、また、「ここだけの話ですけれどね」といって伝える。それを聞いた人も同じことをする。こうして悪事は千里を走る。口から口へ伝わってゆく間に尾ひれもどんどん大きくなって、とんでもない噂になることもすくなくない。女子高校生が友だちの就職が内定した金融機関のことをからかい半分に、あそこは危ないらしい、とひとこと言ったのがもとで取り付け騒ぎを起したのは、まだわれわれの記憶に新しい。

フランスで話題になった〝オルレアンのうわさ〟というのがある。オルレアンの若い女性が洋装店の試着室へ入ったまま神隠しに会う事件が次々に起っている、という噂が広まり、新聞もこれを報じたから国中の話題になった。社会学者のチームがこれを調査した結果が

『オルレアンのうわさ』（訳がみすず書房から出ている）という本になっているが、それによると、噂を広めた伝播《でんぱ》の経路はやはり若い女性たちであったという。どうも思春期の女の人には話に尾ひれをつけたり、おもしろくしたりして広める本能があるらしい。神の託宣などがしばしば巫女《みこ》の口をかりて伝わるのも考えてみれば不気味なことだ。

会社の同僚のあいだで、話がつつ抜けになっているのに当事者が気がつかずにいてとんでもない結果を招くことがしばしば起る。AがBにCのことを陰で悪く言ったとする。もちろんAはCには伝わらない、すくなくとも、BはそのままをCに告げ口したりしないものという前提のもとに話す。ところが、BがCに会って、Aが君のことを、しかじかかくかくと言っていたとばらしてしまう。別にAを困らせてやろうといった気持はない。つい口がすべって、ということもある。軽い気持で話すのである。あることないことを言いふらしたのならともかく、実際にAが言ったことだけを話して何が悪い、そういってBは開き直ることもできる。伝わって悪いことなら初めから言わなければいい。

理屈はたしかにそうだが、それではこの世は、丸くおさまらない。AがBに言ったことばをそっくりそのまま伝えるのは正直ではなくて、いわば背信である。いつかシェイクスピアを読んでいるとき、テルテール（telltale）と言われる人間がひどく嫌われているのを知って、すこし意外な感じがした。テルテールとは「告げ口をする人、おしゃべり屋、内情を暴露する（おそれのある）ものごと。……」と辞書にある。それをどうして蛇蝎《だかつ》のように嫌うのか、よくわからなかったのである。その後、人間のつき合いということを少し見るようになって、なるほど、告げ口はよくない、世間を騒がすもとだと思うようになった。口が堅いということがどんなに大切な徳であるか、われわれはまだよく理解していないようだ。

甲野君と兵川君は日頃から親しい間柄である。そこへ、乙姫さんが入社してきた。二人の青年はきれいな乙姫嬢をかわるがわるお茶にさそう。男性としてはライヴァルらしい友だちのことを何とかくさしたいのが人情。何とかのサヤ当ての一つである。

「甲野の奴、あれで、案外ケチなんですよ」

乙姫さんがほんとうに賢明なら、そんなことばに耳をかさないはずである。しかし、さすがの才媛《さいえん》でも、この手にはかかってしまう。甲野君に会って、何かきっかけがあると、

「兵川さん、甲野さんのこと、ケチだっていってましたよ」

と言ってしまう。これを笑って聞き流すようなら甲野君はすでに大人物だ。しかし、この世に、講談や本の中に出てくるほどには大人物はいないものだ。大人物はいつも不足している。日頃信じ合っているつもりになっていた兵川が陰で、そんなことを言っているとは。許せない。

「いや、あいつこそ、ひどいんですよ。実は、こういうことがあったんですよ……」

乙姫さんがこれを兵川氏に話す。こういうことを二、三度くりかえしていれば、どんな親友だって冷たくなるにきまっている。口もきかなくなる。

あるとき酒を飲む会があって、甲野、兵川の二人が、酒の勢いを借りて互いに不信をなじり合ってみると、何と乙姫さんの告げ口が原因だったとわかる。あの女性は用心しなくては、ということになって、敬遠される。口を堅くしなくてはいけない、などという〝下等なこと〟は高等教育では教えてくれない。それどころか、大学の偉い先生でも、これがどれほど重要なモラルであるか、知らずに一生を幸福に過すことができるのが現代である。

噂のブーメラン

いま、告げ口屋を乙姫嬢に代表してもらった。女の人にはおもしろくないだろう。が正直に言って、噂を広める才能は女性のほうが豊かにもっているようだ。しかし、万事、男女平等の当今である。女性のすることは男もしてみんとて、いろいろ女の真似《まね》をする男があらわれている。告げ口のおそろしく上手な男性もすくなくない。ある教師が女子学生に某氏のことを「ちょっと変わった人だね」という感想をもらしたところ、その女性が某氏のところへ行って、うちの先生が先生のことを「変人」だと言っていましたと話した。その話を某氏があまり親しくもない友人某々氏に語った。その某々がはじめの教師にこれを伝えた。「く」

の字の型をしたもので、高く投げると空中を曲線を描きながら飛んで、また手もとへもどってくるオモチャに、ブーメランという名がついている。いまのわれわれのまわりにはブーメラン式伝達がさかんに起っていて、うっかりすると、自分の飛ばしたブーメランが返ってきて、とんだ怪我《けが》をしかねない。本ものブーメランなら、もとのものが返ってくるのだが、噂のブーメラン、陰口のブーメランはとんでもない尾ひれ、おみやげをもってくるからいっそう危ない。紳士淑女はブーメラン時代に対処するため心の準備をする必要がある。それができていないために、どれだけ多くの人が煮え湯を呑まされたような思いをしなくてはならないか。

思ったことをうまく口に出して言えない。そんなことでどうするのか。どしどし言うべきことは言わなくてはいけない。言論は自由である。そんな謳い文句が利きすぎたのでもあろう。人から聞いたことを、そのまま、利害関係のある人に伝えることが多くなった。聞いたままを言ってどこが悪いか、と言えばそれまでだが、そこはいくらかぼかして間接的な表現にするのが常識だろう。その常識を知らない忠実な伝達が多くなればトラブルが起るのは当り前だ。コミュニケイションに直接的と間接的と二種類あるとすれば、これまでの日本語は間接コミュニケイションに傾いていたのが、近年になって、直接伝達の色彩がつよくなっているといえそうだ。

直接話法について

ラジオでアメリカ駐留軍向けの放送をきいていると、ニュースの途中で、ときどき雑音の多い録音が入る。アナウンサーが、誰それがどこどこで何々について発言した、という紹介をしたあと、当の発言をそのまま聞かせるのである。雑音はうるさいが、とにかく本人のことばそのものを伝えるのだからはっきりしている。

気をつけていても、日本のニュース放送ではこういうことをほとんどしない。発言の大要を伝えるだけである。したがって、まとめ方によってはかなり色合いの違ったものにもなる。アメリカ放送が直接話法のニュースなら日本は間接話法のニュース放送が普通である。どうしてこういう違いができているのかわからないが、違いそれ自体が注目に値する。

これはニュースだけのことではなく、われわれは人の話を、こういった、ああいった、というような伝え方をするときでも、使われたことばをその通り伝えることはほとんどない。たいていは意味をとって、それを自分のことばに直して、間接話法で表現する。純然たる間接話法ではなく、文法で中間話法（リプレゼンテッド・スピーチ）と呼ばれるものに近い言い方をしていることが多い。つまり、直接話法と間接話法とのあいのこのような話法である。

相手の言ったことばそのものを伝えるよりも、その心理や意味を描出する話法で、日本のニュース放送も、間接話法そのものよりもこの中間話法に近い手法によっていると考えられる。これはわれわれの耳が音声をとらえるのにすぐれていないこととも関係するかもしれない。どういう意味かは聞きとるが、どういうことばを使ったかをとらえるのが下手である。中間話法が発達した言語においては、相手のことばを一言半句正確に聞きとるのはさほど必要でないと思われることもあろう。耳がことばをきちんととらえないのか、中間話法が多いから、耳も音声を聞くことから意味を聞くことへ傾斜したのか。どちらが卵でどちらがニワトリかはっきりしない。

ただ、日本語の話しことばと書きことばがいちじるしく違っていることは見すごせない。引用するにも、ことばそのままが引かれるのではなく、半ば〝翻訳〟された形で伝えられる。それで話しことばではかなり思い切ったことが語られても、記録になるときには裸のことばではなく、よそ行きの着物を着せられた表現になる。文章ではなく、話しことばでほかへ伝達されるときでも、適当に中間話法による加工を施す。たんに直接話法を文法的にぼかすのではなく、さしさわりのありそうなところを和らげたりもするのだ。そういう操作が行われることを予期しているのがわれわれの話しことばである。前にものべたように、それを直接話法で関係者へ伝えれば、どんなことになるかはわかり切っている。それに反して、直接話法が多用される社会、言語では、裸のままで伝わってもよいように、話しことばそのものが、よそ行きの姿をしていることが多い、と言えるかもしれない。

距離をたもつ

日本語では相手のことを直接呼びかけないのが普通である。ところが、これが最近すこし変化してきた。さきごろあるところから届いた依頼状にこういう一節がある。

……つきましては先生にご講演をお願い致したく、ご内意を伺いましたところ、早速ご快諾下さいましてまことに有難うございました。先生には公務ご多忙中とは存じますが、よろしくお願いいたします。……

この〝先生〟が二ヵ所とも目ざわりで、なくもがなである。〝先生〟に宛《あ》てている文面である以上、わざわざ〝先生〟などと言う必要はないばかりか、あってはおもしろくない。そのために「ご講演」「ご内意」「ご多忙」という敬語が使われているではないか。しかし、こういう蛇足的呼びかけのある文章が当世風らしく、だんだん目立つようになってきた。

挨拶に握手したり接吻《せっぷん》したりする社会と、離れておじぎをし合う社会とでは、自意識の領域が違うだろう。おじぎをする人間は、他人が五〇センチ以内の至近距離に近づくと何となく不安を覚える。デパートや展覧会へ行って来ると、へとへとになるのは、人と近づきすぎた疲れもある。適当に離れていたほうが快い。互いに敬意を表することにもなる。敬遠ということばは、近づきすぎてはうやまったことにならない心理をあらわしている。ことばも同じだというわけではないが、似たところはある。

目の前にいる相手を「あなた」と言う。敬称にしても、間接的に言及することばが用いられる。殿はその人の住まっている建物に向ってのことば、殿下はさらにその建物の下ということでいっそう間接的になる。机下なども直接に呼びかけるのを避けようとする心が読みとられる。われわれは自分のまわりに他人が侵入してくることを好まないし、ことばですら直接にさわられることを嫌う。むやみに相手の名を呼ぶのは失礼になる。「グッド・モーニング・ビル」「グッド・モーニング・ジャック」だが「おはよう、三郎」「おはよう、健治」は日本語的ではない。

名前だけでなく、何事によらず、あまりはっきりしないほうがよいのである。知人に道で出会う。「おや、どちらへ?」「いえ、ちょっとそこまで」「そうですか、じゃ失礼」といった調子。「ちょっとそこまでって、どこですか」などときかれたらびっくりする。いつごろのことだったか、一時、「どうも、どうも」がバカに流行したことがある。会ったときも、どうも、どうも。別れるときも、じゃあ、どうも。電話をかけるのにも、ご苦労さまを言うのも、失礼しましたの意味にも、どうも、ですますのである。はっきりしないでぼかす日本語のひとつの典型だろう。このごろすこしへったが、まだ、かなり使われる。

昔、身分の高いものと低いものは会話をすること、直話は許されなかった。あいだに三《さん》太夫《だゆう》のようなのがいて、話を中継する。互いに話は聞えているのだが、それを聞えないことにして三太夫に通訳してもらう。これも一種の中間話法と言えないこともない。

現代ではそういう形式はなくなっているようだが、未知の人に直接会いに行くのではなく、紹介者の紹介状をもって、あるいは引き合わせてもらって会うのなどは、三太夫のいる対話の変形と見られないこともない。

また、こういうこともある。人と会って話をする。頼まれたことを承諾する。ところが帰ってきてすぐ速達で、さっきは承知をしたが考えてみると無理だから、このたびはお許しを願うというような断りの手紙を出すという人がある。同じことは、人から何かに誘われて、まず、一応はその好意を謝し、そのあとで、おもむろに断わるという、ねじれた型の返事にも認められる。イエスとノーがあいまいだという批判は、そういう態度に向けられるのである。歯に衣を着せぬ言い方にはなれていない。着物をなるべくたくさん着せて角が立たないように言わなくてはならないと感じている。それはどうしても沈黙のことばになる。そしてとどのつまりは以心伝心、腹芸のごときものに到達するのだ。高度の翻訳ができないと、沈黙によって相手が何を伝えようとしているかがわからない。

このごろ、直接話法的表現が好まれるようになって、腹芸や以心伝心はすっかり悪者になってしまっているが、受け手の側に直接話法を投げかけられてたじろがないだけのしぶとさがないと、いつも心を傷つけられていなくてはならなくなる。送り手にも、相手の心に不快な感じを与えないような直接表現はどういうものであるかの研究が必要であろう。いまのところは両者にそれぞれの用意ができていないために、ことばの不幸が続いているように思われる。

気になる「あなた」

聴衆の反応

こちらの話のまずいことは棚に上げて、講演をしていて観察すると、どうも聴衆が気にいらない。

すこしわかりの悪い問題をもちだすと、かならず居眠りが始まる。そうでない人は紙を出してせっせとメモをとる。メモをとっていただいてありがたく思わなくてはならないのかもしれないが、学校の講義ではあるまいし〝熱心にメモをとる〟ことはない。案外、メモをとるのは〝熱心〟な証拠だと誤解しているのではなかろうか。字をかくと安心して話の内容を忘れる。

もっとおもしろくないのは、テープに録音する人たちだ。このごろはカセット・コーダーの小型で性能のいいのがあるらしく、それで録音をとる。なかにはカセット・コーダーにきかせたままご本人はこっくりこっくりやっていて、テープが終ってブザーがなり、目覚しにおどろいたように目をこするというなどは愛嬌がある。

カセット・コーダーの害はそれにとどまらない。話をしたことも忘れたころに、先日の速記録だ、すぐ目を通して返送してくれ、雑誌何々へ掲載し、出席できなかった会員に読ませたい、といってくる。放っておくと、まだか、まだか、と催促される。映画や芝居にカメラをもちこんでパチパチやったら叱《しか》られるにきまっている。講演でテープレコーダーを使うのは、講演者、主催者の許可のある場合に限る、というくらいのルールは早くつくってほしい。

くつろいで聞いてもらおうと思って、初めにちょっとヒューマーをきかせたつもりなのに、にこりともされない。これで出鼻をくじかれると、あとが話しづらくなってしまう。そういう話者の心理も心得ない聴衆が多いのだから情ない。

笑うべき話をきいたのに笑わぬ人を、私はひそかにワラワヌ殿下と称しておそれているのだが、われわれの社会にはきわめてたくさん見かける。ひどいのになると、何百人もの会がほとんど殿下ばかりというおそれ多いこともある。サラリーマン諸君にそれが目立つのは日頃よほど心痛むことが多いからであろうか。

ある夏、大手の広告代理会社主催の夏期大学が開かれて、司会のような役を仰せつかった私は初めから終りまでおつき合いをした。その三日間、六人の講師が話をし、なかにはずいぶんおもしろい話もあったのに、終始、メモばかりとっていて、笑い声はほとんどおこらない。勉強の夏期大学へ出てきて、笑ったりしていては勤務評定にひびくのだろうか。最後に私がどうして皆さんは笑わなかったのか、と言ったとき、聴衆はおかしなことをきくものだという顔をした。仕事はできるのだろうが、話をきくことでは、まだまだ及第点はあげられない。

世の中で、有名校とか名門校のことをねたみ半分にいろいろ悪く言うが、私は、世評の高い学校はやはりそれだけのことはあると、話のきき方からはっきり言えると思うようになった。ことに話に敏感に反応するのは高校生諸君ではなかろうか。こちらがいっしょうけんめいに話すと、かなり程度の高い、あるいは、すこし無理な話をしても、食いいるようにきいてくれる。

天下にきこえた地方の名門高校なら、千名以上の生徒が二時間くらい私語ひとつしないで話をきく、という安心感がある。もし、生徒がゆらゆら動くようだったら、こちらの話がよほどおかしいのだと反省しなくてはならない。ところが、いわゆる二流、三流校になると、そうはいかない。同じような話をしてもだめだから、よく準備をして壇上に立つのだが、三十分を越すと、話についてゆけない生徒が動揺を始める。知的な話についてゆけないからせっかくの勉強も身につかないので、話がきけないのは能力が足りないからではなく、話がうまくきけないために学力を伸ばしきれないでいるのだろう。

昨年の秋、縁故のある高等学校から記念講演に招かれたが、あらかじめ、校長さんからむつかしい話だと生徒が騒ぐから、わかりやすくわかりやすく心がけてほしいと釘《くぎ》をさされて弱った。それで、とにかく、なるべく興味のありそうな話を考えていったのだが、やはり中ごろからざわつきだした。縁故があるだけに淋《さび》しい思いをした。これくらいの話でこの倍の時間、水を打ったように静かに聞き、ときどき、こちらの予期するところで、どっと笑ってくれる、そういう学校もあるではないか。そういえば、そこの生徒は笑うときも自信なげに力弱く笑う。やはりきき方がまずい。だから伸びる才能も眠ったままでいるのだろう。そんなことを考えた。

しかし、そういう生徒諸君でも学校の先生方に比べると、まだ、反応がいい。先生はいつも話をするほうで、あまり、話をきく訓練を積んでおられない。聴衆としてはどうもさえない。サラリーマンといい勝負である。カセット・コーダーで録音して、あとで、という他力本願も先生たちに多い。

女の人は講演をきくのがお好きらしく、このごろはどこの会でも半分以上が女性である。女の人は、メモをせっせととる。そうしてときどき顔をあげて、こっくりこっくりうなずく。そのうなずきを見ると元気が出てきて話しやすくなるという友人もいるが、たいていは、気になり、目ざわりになるものだ。うなずいているうちはまだいいが、隣の人と私語を始めたりすることになりやすいから警戒はおこたれない。教室でもうなずきと私語とはいつも隣合せである。

問答が苦手な日本人

さきごろ国会でロッキード事件の証人喚問というのが行われ、テレビで実況が中継されたこともあって茶の間でも大きな話題になった。何か出てくるだろうという期待が大きかっただけに、いまひとつ、すっきりしない感じを残した。

新聞などへの投書をみると、証人に対する議員の追及がいかにも手ぬるい。もっとぴしぴし話をきめられないのか、もどかしい、といったいら立ちを示したものが多かった。

その反面ではしかし、あんなにひどい口をきく権利が議員にあるのか、はじめから罪人扱いではないか。容疑があるという段階で弁護人もついていない証人を、丸裸で証人席に座らせてムチを加えるのは見ていられなかった、質問者は失礼だ、という声もあった。

このどちらもそれぞれ当っているのだから厄介である。問題は質問者がなまぬるいか、失礼かということではなくて、こういう質疑応答にわれわれ日本人は馴れていないということをこの証人喚問は広く見せつけてくれたことである。その教訓は謙虚に受けいれなくてはならない。

加藤秀俊氏は、この不毛な問答について論じた文章（「朝日新聞」一九七六年三月七日）の中で、質問者の議員が演説はできるが、問答が下手だからだ、とのべているのが興味深かった。

「国会議員という人たちは、もっぱら『演説』がお得意で、『問答』ということをあまりなさっていないからである。……じっさい、委員会での質問者は、しばしば、質問をなさっているかのごとくにみえて、実質的には『演説』をなさっていたのである。時計片手に時間を計測してみたら、『質問』といいながら七分間を『演説』に費やし、それに対する証人の答えは『記憶しておりません』と、わずか五秒、といった滑稽な事例さえあった……」

加藤氏は、「よき『問答』の技法が開発されることを、そして議員諸氏がより冴《さ》えた弁論術を研究されることをねがいたいのである」とこの文章を結んでいる。同感である。

テレビを見た人はご存じと思うが、議員の質問はけっして手ぬるいものではなかった。ことに第一回の証人喚問では、ときに恫喝的とさえ思われる言葉づかいをしている質問者すらあって、前記のような、失礼だという批判を招いた。それなのにすこしも証人を追いつめられなかったのは、感情的な言葉に流れることが多かったためであろう。選挙区を意識して大向うをうならせようという情緒的な発言では真実の究明などできるわけがない。理性の冷たいメスでなければ現実のヒダのあいだにある問題を切開することはむつかしい。

加藤氏も言うように、政治家は演説では専門家であろうが、事実審議や質疑応答には不馴れである。意余って言葉足らず、いたずらに声のみ大きいところから、きいていて不愉快になる。

しかし、冷静に対話をしてほんとうのことを明らかにしてゆくダイヤローグがまずいといって政治家だけを責められないような気もする。前にもふれたが、学会にシンポウジアム形式が導入されて、あちらでもこちらでもシンポウジアムばやりになった。いまではすっかり定着して、シンポウジアムのない学会の大会はないほどである。そのシンポウジアムだが、学者らしい理性と冷静さで問題を論じて議論がかみ合い、終ったあとで、討論に加わった人、傍聴した人、ともどもに、なるほどシンポウジアムでなくてはこういうわかり方にはならなかったであろう、という感想をもつことがしばしば起っているであろうか。私のまずしい経験でいえば皆無である。

〝活潑《かっぱつ》な議論〟といわれるものが、その実は、枝葉のあげ足とりであったり、末節の用語の定義のくい違いをめぐってであったりする。そういう〝活潑な〟論議のあと、関係者の心には苦い思いが尾を曳《ひ》くのがつねで、気の弱い人間は、もうこりごり、二度とやるまいと決心する。私などもいつの間にか、われわれのあいだでは座談会ならできるが、シンポウジアムは無理だと思うようになってしまった。

座談会は、「文藝春秋」で菊池寛が創《はじ》めた形式ということになっているが、いかにも、日本人と日本語の特性をするどく見抜いた形式である。外国に類を見ない座談会に人気があるということは、とりもなおさず、シンポウジアム形式をそのままとり入れようとしてもうまく根をおろさなくて当り前ということにつながる。

われわれ日本人の言語生活は情緒的色彩がつよく、ニュアンスには富んでいるが、形式的《フォーマル》な言語は妙に非人間的でいけないものという偏見がある。知的な問題を話し合っているはずの人間同士がいつのまにか泥仕合のような言葉を投げつけ合うのも、形式的言語を使うべきところで、情緒的言語を用いるからであることが多い。使いたくても形式的言語が発達不充分なために適当な言葉がなく、ついつい日常の情緒語を代用してしまうということもある。議論がかみ合うよりも感情的対立が前に立つ。

法廷ドラマへの反応

ロッキード事件の証人喚問を、あれではまるで弁護人のいない裁判のようだと言った人がすくなくない。そういう人たちの頭には、無意識ながら、裁判はいけないもの、残酷なものという気持がある。われわれは、できれば、裁判など一生のうち一度もかかわりたくないと考えている。

そこが、欧米人と違う。ある人の子供が学校で怪我をした。体育館に立てかけてあった鉄棒が倒れてきて頭を打ったのである。幸い大したことにならずに済んだが、その人の友人のイギリス人は、学校を訴えよとなんどもすすめたそうだ。裁判はしなければいけない。ほんとうのことをはっきりさせるにはそれしか方法がないではないかといった。日本では学校を訴えるのは普通ではないし、あとにおもしろくないシコリを残すことになりやすいと、いくら説明しても、イギリス人にはのみ込めなかったらしい。

裁判に対する社会の気持が彼我でまるで違うのである。アメリカのテレビ映画で法廷シーンを売りものにする人気番組がいくつもある。それがときどき日本にも輸入される。それが、ひとしきりはともかく、やがて、姿を消してしまう。判事と検事と弁護側、それに陪審員、それらの論理の対立を弁論で処理してゆく、その過程が何とも言えない知的な興奮を伝えるのだが、われわれにはどうも刺戟がつよすぎる感じである。見ていられなくて目をそむけたくなる。これでは法廷ドラマがおもしろがられるわけがない。

裁判や法廷が〝おもしろい〟といったら不謹慎と言われそうだが、真実を明らかにすることは知的興味の対象になるはずで、それなら〝おもしろく〟ても不思議ではない。それがすこしもおもしろく思われていないのは、司法関係者の責任というよりはむしろ、日本語の問題であろう。

われわれは、ひとりごとをつぶやくにはめぐまれた言葉をもっている。独白である。それを間接的に受けとって解する。特定の人間に向って語る言葉が乏しいのは、そういう語り口をすることがすくなかったからであろう。日本語は壁に向って語られるようなもの。はね返ってきた言葉がほかの人に伝わる。そういう伝達方式に馴れていると、目の前に壁でなく人間があらわれると、勝手が違って落ち着かなくなる。

われわれは、たくさんの人間を前にすると、思ったことが言えない。話下手である。独白的な言葉をききつけている聴衆のほうはまた、自分たちに向って投げられてくるボールを受けとめることが上手でない。耳が悪く、聞き下手である。そういう人間と人間が、互いに対立する立場から議論して問題の解決するはずがない。

対立、葛藤《かっとう》を対話によって解決してゆく、その道程を楽しむドラマがわが国で栄えなかったのは偶然ではない。日本のドラマは欧米のドラマと本質的に異なったものである。対話はレトリックでも論理でもなく、気心と雰囲気を伝えるために働いているのがわれわれの芝居である。

独白的言語の日本語では、人称が不安定になる。英語ならI（アイ）にきまっている第一人称単数も、さまざまに使い分けられる。第二人称になるとさらに複雑で、あなた、あなたさま、君、お前などがあるが、どれもしっくりしないところから、〝先生〟が広まった。政治家同士が先生、先生という。医者、教師は昔から先生といわれるほどのバカではないにしても、とにかく先生の本家である。このごろでは二十歳にもならないテレビタレントまで、まわりの人に先生と呼ばれている。

本を出版するとき、お世話になった編集の方に感謝のことばをのべたいと思って、それを表現しようと思う。毎度のことながら、どうもぴったりした言い方ができない。いろいろお世話になって、ありがとうございました、という心だが、読者の読むところへそういう個人的な調子の文章がそぐわないことははっきりしている。すこしフォーマル、つまり改まった言い方をしたいのに、どうもうまい表現ができなくて、もどかしい思いをする。新しい言葉を創り出すほかないのであろう。

先日、ある英学者が自宅全焼の災に遭った。私も氏と同じ団体に属しているので、親しくはないが、会を通じてお見舞を差し上げた。この英学者はすばらしい英文を書く人で、礼状は英文で書かれていた。その英語が適当に改まっていながら、同時に、感謝の気持をのびのびと、すこしヒューモラスに表現しているのを読んで、日本語でこれに相当する礼状が書けるだろうかと思ったことである。文章の上手、下手ということだけではない。フォーマルな表現が発達しているかどうか、ということとかかわるように思われる。

最近の送金は多く銀行振込みである。あとでその通知が来るが、その文面によく「あなたの口座へ振込みました……」というのがある。どうもこの「あなた」が気になる。これは「ご指定の口座へ……」とか「貴口座へ」とかして、あなたを使わないでほしいと思う。よくも知らない人から突然、「あなた」などと呼びかけられるのは不安である。

そんな感じをもっていた矢先、池田弥三郎氏が、こういう「あなた」をやまとことば系のあなたではなく、英語のｙｏｕの訳語かもしれないと書いておられるのを読んで快哉《かいさい》をさけんだ（「朝日新聞」一九七五年八月一一日）。

池田氏は、「近く開催しようとしている記念祝賀会に心からあなたをご招待申し上げます」などの「あなた」に「抵抗を感じるのは、すでにわたしが、古くさい世代の生き残りということになるのだろうか」と結んでいる。まだ、こういうフォーマルな文章の中での「あなた」にひっかかる人がすくなくないのは、これが市民権を得ていないからのように思われる。

また、ロッキード証人喚問のことになるが、質問者が、はじめのうちは、「証人は……」と相手を第三人称で呼んでいた。つまり、きわめてフォーマルな言い方をしていたが、そのうちに熱が入ってきて、「あなたは……」になり、やがて「あんた、ネー、それでいいんですか、……」などと調子が下ってきて、政治家というのは、ひどく柄がわるいんだな、という印象を広く国民に与えた。

「あんた」はもちろん、「あなた」もいけないというのなら、いったい、何と言えばいいのか、と開き直られたら、正直のところ、名案はない。あまりいい加減な主語は「あなた」に限らないが、使ってほしくない、と思うけれども、これまでの日本語のように、主語はほとんど動詞か、敬語やほかの言葉へ肩代りさせてしまうのが、むつかしくなっていることも事実である。

「あなた」は情緒的言語のニュアンスがべっとりつきまとっているから、いまさら、公的表現としてこれを使うのは、賢明とは思われないが、さりとて、急に第二人称を新しくつくるわけにもゆくまい。問題は、「あなた」という人称代名詞よりも、動詞のほうであるかもしれない。動詞がしっかりしていないから、あやふやな「あなた」などがさまよい出たりするのであろう。

日本語は話し言葉と書き言葉の差が大きい。そして、話し言葉は感情、情緒を表現するのに多く使われ、書き言葉は逆に公的、形式的表現が多い。話し言葉で改まったことを言おうとすると、結婚披露のスピーチのように砂をかむような退屈なものになる。公的な話、演説、講演、スピーチはおよそおもしろくないものと相場がきまっているから、馬耳東風、聴き手は馬の耳をもっていて、すぐ居眠りをする。

さらに、甲乙が対立しているときに、対話によって、論議を展開していくのはもっとまずい。中心点を外さないように話すのではなく、勝手に連想したことなどをもち出して、論旨を混乱させる。互いに、何を言っているのか自分でもわからなくなったところで、議論は終りとなる。あとは足して二で割る式の妥協をする。言論不信の根は、ひとつには公的表現の用語が整備されていないからである。

その意味で、教育はもちろんだが、政治、経済など社会の各分野において、実り多き言論が静かにはこばれるように、みんなが口舌の徒になる必要があるように思われる。世の中に争いを根絶することは不可能であろうが、暴力をともなう争いをさけ、言葉のうえの争いを通じて、より深い相互理解へ向うためなら荒々しいコミュニケイションもときにはさけられない。われわれは言葉に傷つきやすいデリケートさをもっているから、これはかなりの荒療治にならなくてはおさまらないだろうが、ひるんではなるまい。

II　ことばのこころ

五脚の椅子

曲解された講演内容

幼稚園の先生たちの会合で何か話すことになった。話すといっても壇の上に何人か並んでシンポウジアムという公開雑談会のようなことをしようというので、準備はいらない。それなら楽なものだと引き受けた。

当日、ひる前に集まって、食事をしながら打合せをするという速達が届いていたから、あわてるように家を出た。すこし歩いたところで、札入れを忘れたことに気づいたから、電話をかけて家人にもってこさせ、自分も中途まで逆戻りしてそれを受け取った。そんなことをしてすこし遅刻して指定の場所へ行ってみると、まだ、「どなたもお見えになっていません」。お休みになった幼稚園はがらんとしている。先生たちも〝おねんね〟なのかもしれない。すこし抜けた人間を早く呼びだしておいて、もうひとねむりという味わいは格別だろう。

まずいお茶をすすっていると、どことかの何とか園の園長とかいう黒いモヤシのような男が入ってきた。相棒の一人である。その何とか園が数日前に〝オープン〟したばかりとかで、忙しくてたまらないとおっしゃる。そんならこんな不要不急の会なんかに出てこなければよいのにと、不審に思ったが、こういうどうでもよい会に出るから忙しくてたまらなくなるのかな、と思いなおした。〝オープン〟などというからバーかキャバレーの開店のようだ。

招集の時間から一時間ちかくたってやっと顔が揃《そろ》った。田舎《いなか》へ行くと、どこそこ時間といって、三時といえば四時ごろという風習があるが、このごろは田舎に何とか銀座ができるかわりに、東京で田舎時間が流行しているというわけか。

五人でシンポウジアムをするのだが、だれもろくに考えてきていないから、少しくらい話し合ってもまとまるわけがない。それではお時間ですから、といわれて、台本のない芝居の舞台へひかれていった。

司会者が私には三番目にお願いしますといった。前に二人あるから、その間に話すことを考えていればよい。私のあとが黒モヤシ先生である。

私の番がやってきたから、思っていることをあれこれ、出まかせをしゃべった。とにかく二十分しゃべればよいのである。そしてお次の黒モヤシ先生の番になった。話の枕《まくら》のつもりであろうが、妙なことをいいだした。「ただいまの先生は、もうこれからの時代には母親などは不要である、といった意味のことを申されたが、それを世の中では、試験管ベイビイなどといっていますけれども、それではこまる、やはり人間は動物であるということをもう一度思いおこしていただきたいのです——」

動物は試験管ベイビイなどという不逞《ふてい》なことは考えない、というつもりなのであろう。これにはのんきな私もさすがにびっくりした。だいいち、私は母親なしに子供を生むべしなどということは言っていない。私が言ったことは、このごろ怪しげな若い母親が多くなった。こういう母親でも親は親だから育児には最適任者だといえるのだろうか。そうではあるまい。母親は放っておいても自然に母親になるけれども、ほんとうは、やはり免許証がいるくらいのものである。もし、いいかげんな人間が自然母親になった場合は、むしろ、ほんとうにすぐれた人間的教養をもった中年の婦人に代理母親になってもらったほうが、子供のためにも幸福なのではないか。昔から乳母《うば》というものがある。身分のある人たちがそれを制度として尊重していたのは偶然ではあるまい。何も知らないお姫さまが母親になって幼君を教育したのでは、次の代はどうなるか知れたものではない。昔の人がすぐれた婦人を選んでこれに扶育をまかせたのは賢明である。こういう形式を頭から封建的で古いものと考えるのではなく、現代においても再検討してほしい。幼稚園がすぐ代理母親の代用になるとは思わないが、幼児教育に当る人には代理母親の役割についての自覚がなくてはいけないだろう。

そういう意味のことをのべたのに、黒モヤシ先生はさきのように曲解してしまった。動物と人間と一視同仁に考える思想は動物愛護の上からは結構だろうが、ミソとクソを同一視するのでは動物も迷惑するに違いない。私はこまったと思ったが、途中で口をはさむこともできないでいると、それをきいて、うなずいている人がいるから、いっそう驚いた。黒モヤシをうらめしくながめた。

前奏から本論へ

友人がやってきたから、以上のような経緯を話して、せっかくの妙案がとんでもない誤解になったことを訴えた。友人は言語学者で、このごろコミュニケイションの問題に関心がある。

客「君が要点のみ話したからいけないんだ。もっと尾ひれをつける必要があったのに、君は自分のわかっていることは他人もわかるはずときめているからだめなのだ」

主「黒モヤシ氏の頭だと、よけいなことを言えば混乱するばかりだろう」

客「と、そう考えるのが、君の短慮だ。話というものは、前奏があってから、本論に入るべきもので、藪《やぶ》から棒に話したのではわかるものでも誤解してしまう」

主「ひとりの持ち時間がきまっているのに、ゆうゆうと前置きなど置いていられるか。それにあんなわかりきったこと、ストレイトにわかるはずだよ」――

客「なんだ、君は準備してゆかなかったから、何を話してよいかわからないで困ったといったじゃないか。それなら、そう何もそんなにアレコレ言うこともないだろう。だいたい、前置きや枕をムダなものと思っている人が多いのは不可解だ。必要悪(ネセサリ・イーヴル)という語はあるが、必要ムダということばがないのからしておかしいと思わないか」

そういう必要なムダが生活のいたるところで認められている、というのが彼の意見である。人間はムダなくしては生きることができないほどだという。

たとえば、仕事をしているときに、ときどき休まないといけない。英語の諺《ことわざ》に「働くばかりで遊ばないとバカになる」という怠けものの喜びそうなのがあるが、ほんとうに働くには適度に怠け、然《しか》るべく休まなくてはならないことを教えたものだ。

鉄道の保線の人が歌をうたいながら仕事をしているのをホームで見ていた乗客が、遊びながら仕事をしていてけしからんといったそうだが、たいへんな認識不足である。田植歌を代表とする労働歌は、仕事の能率をあげるのに役立つムダであり、遊びである。ところが、貧しい社会ではこの無用の用を肯定する心のゆとりが生じにくい。休むのはともかく、遊ぶのはいけないこととされているから、遊びの効用などというと白い眼を向けられる。ホモ・ルーデンス、人間は遊ぶものなりという哲学が新鮮な響きをもって受けとられる。それでも日常生活では遊ぶという語に対する抵抗は消えていない。かわりにレクリエーションとかレジャーとかヴァカンスといった外国語を用いて言葉のもつ連想を断って遊びというムダを肯定しようとする。

遊ぶことをきらったように見える昔の社会でも、年に何度かのお祭りをしていた。一月一日、三月三日、五月五日、七月七日、九月九日などの「節句」が、日常性をすてて何かを祝って遊ぶことの意味は、現代人のレクリエーションとちがって深いものがあったにちがいない。そのほかに、いわゆるお祭りがある。冠婚葬祭も祭りの一種である。そういう機会には日頃鬱積《うっせき》している毒素が一挙に発散させられるのである。これは個人の精神衛生上にも良い効果をもっているが、社会的に見ても安定した秩序を保つのにどれだけ役立っていたか知れない。

そういうお祭りにうつつを抜かすのはあまり利口なことではない――と考える小ざかしい連中がふえて、村の鎮守の祭りまでがお義理の真似事《まねごと》みたいになってしまった。村のお祭りなどないほうが進歩しているような錯覚が人々に行きわたるようになって、とんでもない騒ぎがときどき起るようになった。大学などでは愚にもつかぬことで、どうせ反対しても何もならないことがわかっているのに、騒ぎをおこして、授業をボイコットするのが流行している。これを意地悪く見るならば、お祭りがないので、たまって困るエネルギーのはけ口をつくり出している、と言えるかもしれない。合理的な生活はもちろん大切であるが、そこに息抜きの安全弁がついていないと、とんだ爆発を招くおそれがある。お祭りは必要なムダだったのである。

そんなことを言った揚句に友人はこんなことを言った——。

「この前、君の話したすて鐘のことね。あのすてるということだって、やはりもとは無用の用があったにちがいない。現代の合目的第一主義だけでは人間は人間らしくならないのかもしれない。すてるもムダと同じくきわめて人間的な営みだといえそうだ。働くということだけなら、動物だって結構働いている。このごろ、日本人が働いてばかりいて金をためる動物みたいだと、外国から評判がわるい。それを、どうして働いていけないのか。どうして金をためてわるいのかと、居直り気味に腹を立てている日本人があるようだが、働くだけならアニマルといわれてもしかたがない。人間らしい生活には欠かすことのできないムダをしなくてはならないのだが、これがまだよくわかっていない。文化とは必要なムダにほかならないのだから、衣食足ったらムダを知らなくてはならないというわけだ」

「ぼくがもうすこし蛇足をつければ、黒モヤシさんから誤解されずに済んだというわけか。たしかに、話は要点だけでわかるものではない。蛇足がついてはじめて何とか了解される——それはぼくも認めるよ」

雑談の楽しさ

私は彼のコミュニケイション万能主義をいつもひやかしている。人間のことばは伝えたいメッセイジがあって、それを相手にわからせるのに用いるというのがコミュニケイションの考えであるが、そんなことばかりではないだろうと私はからむのである。

何か相手に言いたいことがなければ言葉を使わないというのなら、人間の生活は実に索漠たるものになる。何も用はないがただとりとめない話をする。これこそ言語の妙味である。そういって、友人同士の雑談を例にする。彼もしばらく友だちと口をきかないでいると、頭が腐ってくるような気持がするという人間だから雑談の楽しさについては同感である。雑談は言葉による皮膚接触（スキンシップ）と言えないこともない。犬や猫をなでるとうれしそうにする。それがスキンシップである。雑談は言葉でそれをするのだ。目的のない言葉の使用、ムダな活動であるといってよい。

ところが、この雑談が楽しいだけでなくて、たいへん重要な成果を生むことがある。必要なムダはあったほうがよいばかりでなく、それによってのみ生ずる文化的価値があることが見落されてはならない。昔から、雑談が思いがけない発明、発見のきっかけになった例はいくらでもある。

イギリスで抽象芸術論においてハーバート・リードの先鞭《せんべん》をつけたT・E・ヒュームという若死した批評家は、むやみとしゃべったらしい。相手かまわずまくしたてた。それが彼を成長させていったと伝記はしるしている。これはほんの一例にすぎない。雑談のきらいな人間の仕事はどこか寒々としている。

やはりイギリスの話だが、すこし時代をさかのぼって十八世紀に、ドクターという敬称をつけて呼ばれるならわしのドクター・ジョンソンという大家がいた。この人は、同時代の文壇を圧する声望をもっていたが、それでいて怠け者であったというのがうれしい。それでいて、というのは正しくないかもしれない。彼の場合、大才が大才として花ひらいたのは、適当に怠け者であったためであると言ったほうがよいように思われるからである。この人がやはり雑談家であった。当時流行だった喫茶店でコーヒーを飲みながら談論風発した。そういう仲間の中から、『ガリヴァー旅行記』(スウィフト)をはじめすぐれた作品が続出した。

雑談の効用に及ぶならば、やはりイギリスの十八世紀末の月光会(ルーナー・ソサアティ)に触れないわけにはゆかぬ。ここでは、蒸気機関のワットやチャールズ・ダーウィンのおじいさんエラズマス・ダーウィンや酸素発見者など、十名くらいの人が、月一度ずつ会合して思う存分に談じまくり、そこでのヒントから歴史を変える大発見、大発明の糸口をつかんだのであった。雑談、ムダ話が決して無益でないことをこういう例は声を大にして叫んでいる。

だいたい、言語が何か直接の役に立つものと、きめてかかっているのがおかしい。役に立たなくても、ただ何となくことばを使っていないと不安になるのが人間だ。コミュニケイションが、コミュニケイションとやかましく言われるけれども、何も伝達すべきメッセイジはなくて、ただ、空《くう》なることばをやりとりしている、いわば虚のコミュニケイションもある。朝、知り合いの二人が顔を合わせる。「お早よう」と言いかわすが、もう今日は決して早くないのになどと気にする人がいたら、どうかしている。決して、あなたは早くからご活動ですね、といった意味をこめたことばではない。ただ、顔を合わせて、お互いを認識し合ったという合図、これがこの挨拶《あいさつ》である。しかし、もし、この場合何も言わないとすると、たちまち二人のあいだに摩擦が生じることになる。だから、ただ「やあ」といってもよいかもしれない。そういうほとんど無意味な、しかし、使わないと別種の意味をもつという社交語を思いのほかたくさん用いながら、われわれは生きている。

実用をはなれたことばの使用というところから、ことばによる芸術、文学までの距離はほんのわずかでしかない。文学のことばは現実に具体的作用を及ぼさない。虚のことばである。ムダな言語の使用といってもよい。もし、実際的な働きを期待する文学があれば、それは、政治的色彩の有無にかかわらず、また作者にその意図があるとないとにかかわらず、プロパガンダ（宣伝）文学である。芸術はつねに、無用の用、夏炉冬扇を認めるところにおいて成立する。

世界中に食なくして飢えている人間がたくさんいるのに、のうのうと文学などにうつつを抜かしていてよいのか。ヨーロッパの文学者でそういう厭味《いやみ》をいった人がいて、それを日本の学生が受け売りして喜んでいる。文学部の学生などで本気に悩んでいるものもあるらしい。食うものがなければもちろん、詩や演劇どころのさわぎではない。食うや食わずというほどでなくても、月給のことがたえず気にかかるような状態でも、文学を楽しむことはむつかしい。すくなくとも、そういう生存についての不安から解放された心があるという条件の下で、芸術は生れ、鑑賞されるのである。そういう条件の満たされないところで芸術を顧みる余裕がなくても、それは致し方がない。

だからといって、芸術をつくり、愛するゆとりのある人たちが、そういう芸術以前の気の毒な人たちに気兼ねして、芸術をすてて政治に向うべしと考えたりするのは筋が通らない。飢えている人があるという話をきくだけで、食卓でものを食べるのはヒューマニズムに背く、いっしょに飢えるべきだといって悩むのと同じである。

芸術はムダの中から生れるぜいたくな花である。ムダはいけないものという考えがあるから、とかく道徳とか政治とかが干渉して問題を混乱させる。ムダが文化であることを、もう一度見なおすべきであろう。

ことばのムダということ

某月某日、別の友人がやってきた。相手が変わっても、ほかの人としたつづきの話をするのが得意だから、この友人と会うといきなりムダ論を始めたが、彼はすこしもさわがないで、相手になる。彼には、芸術だけがムダの上に成り立っているような考え方が、そもそもおもしろくない。きびしい生活をしいられている人には余裕がないから、ムダをしたくともできない。経済的精神的なゆとりのある人だけがムダという文化、芸術にふれることができる、というように、ムダのできる人種とムダのできない人種とがあるような錯覚を与えるのはこまる、というのである。

彼に言わせると、人間はすべてムダをしている。しかも毎日、気づかずにおびただしいムダをしている。何だときくと、言葉そのものだという返事がかえってきた。

どこの国の言葉をみても、必要にして充分なだけのことを表現しているものはない。百のことを言いたいときにはかならず百五十とか百八十とかのことを言っている。両者の差が言語の冗語性（リダンダンシイ）である。いかなる言語も冗語性をもっていないものはない。

この冗語性は、言語の授受における相互の関係で大きく変化する。親しい人同士が小さくて静かな部屋で話し合っているときには、どちらかというと冗語性は小さくてすむ。しゃれた、さらりとした、ときには以心伝心の話でもわかる。ところが、戸外の騒々しいところではそうはいかない。大声で念を押してくりかえさなくてはならなくなる。また、利害の対立している二者のあいだでは理詰めにこまかく表現しなくては、相手を納得させられない。こういう場合には冗語性が高くなるのである。

このように、冗語性の大小は一様ではないが、いずれにしても、言語はかならずムダな部分をもっている。しかも、それがかなり大きなものであるのに、われわれはほとんど気づいていない。クロスワード・パズルが可能なのも、また試験問題で空所に適当な語を入れよというような出題ができるのも、まったく冗語性のおかげである。でなければ、復元できるわけがない。

人間はそういう冗語性の大きな、ムダの多い言葉を毎日使って、言語生活をつづけている。言葉を使っているかぎり、いかなる人もムダから無縁ではあり得ないわけだ。食べるものにこと欠くような人々ですら、言語を使うことによってのムダはすることができる。いいかえると人間らしい営みをすることができるのである。機械にはムダがすくないが、人間のすることが人間らしいのはこのムダがあるからだ。

平面は三点によって定まると物理学は教える。したがって、椅子《いす》には三つ脚があれば必要・充分の条件を満たしていることになる。それで椅子は倒れないはずである。ところが、実際に三脚の椅子はまず人目にふれるところにはない。四脚が普通だが、これだと、どれか一本は〝遊んで〟いるのである。リダンダンシイである。椅子にもムダがあるわけだ。ムダがあるから実際に椅子として役立つ。

言語も椅子に似て三脚だけでは実際的ではない。ムダが必要なのだが、椅子の脚のように一本くらいの余裕ではまだ充分でない。いわば五脚の椅子である。人間は言語という五脚の椅子に坐《すわ》っている。その二本の脚はムダだから切ってしまえといったら、たちまちひっくりかえってしまう。ムダを目の敵《かたき》にするのはたいへんな考え違いである。脚下照顧《きゃっかしょうこ》。

私の話が黒モヤシ氏からとんでもない誤解を受けたのも、要するに私が五脚の椅子でなく四脚の椅子に坐ったからである。

後記と投書

編集後記の味

「国文学」の五月号（一九七四年）で、東京工業大学の芳賀《はが》綏《やすし》さんが編集後記の存在理由を考えている。外国の雑誌にはこれに当るものがないが、編集者が自分の意見をのべることのできる唯一の場である。雑誌によってスタイルがいろいろあるが、ときには値上げの間接的キャンペーンにも利用されている、などと皮肉な観察も織り込んである。

その文章を読んでいるうちに、雑誌編集とのつき合いも長くなるので、おのずから脱線気味の感想がわいてきた。編集後記には私なりに思い出すことも多い。

学校を出てまもなく、英文学雑誌「英語青年」の編集部で仕事をした。編集部というと聞えはいいが、半人分の助手がいるだけである。半人分といっても能力のことではなくて、僚誌「英語研究」とかけもちで一人の助手がいたのである。編集主幹は大学の恩師であったから、私ははなはだ頼りにならない代理として出版社で実務をとることになったにすぎない。それでも企画から原稿料の計算まで、一任されていたのだが、何も知らない若造に、まっとうなことができるわけがない。それでも実質的にはともかく、形式的にはワンマン雑誌というわけである。

「英語青年」には編集後記というものはなかった。そのかわり〝英学時評〟という評判の高い文章が毎号載っていて、これは恩師の先生がイニシャルで書かれた。それが〝片々録〟という彙報《いほう》の頭に置かれていて、雑誌が届くとまず片々録を開き、この英学時評でうなってから、学界消息の記事に移り、それでおしまいという〝裏口〟読者がすくなくないと言われたほどで、私にしてもこの時評がいちばん楽しみであった。

こういう文章がある以上、後記などは蛇足にもならない。なくて当然である。同じ社にそのころ、程度は違うけれども八種類の英語雑誌が出ていたが、「英語青年」以外はみんな後記の欄をもっていた。「英語青年」はこの社の生え抜きの雑誌ではなく、戦時統合によって移ってくるまで、英語青年社の経営であった。社主のK先生は極度にパブリシティ（世に出ること）を嫌われたから、後記すら面映《おもは》ゆく思われたのではないか、とこれはいまの私の想像である。そのかわりに客観的報道に全力をつくされたのである。片々録という雑報欄はちょっと類のないものだが、あるいは、編集後記の変形したものだったのかもしれない。そして、片々録のはじめに組まれる英学時評は長年にわたって恩師が書いておられたのである。私がお手伝いするようになったころ、すでに「英語青年」の誌齢は五十年を超えていた。

編集に当るようになって数年たった頃である。先生から英学時評を代わって書くようにと言われた。思いもかけないことで、まったく、とんでもないことだから、ありがたくご辞退したが、お許しが出ない。それなら二人で書こう、前半を自分が書くから、後半を君が書くようにとおっしゃる。しばらくその形がつづき、驥尾《きび》に付す、というのを地で行ったわけだが、駄馬にはとてもついてはいかれない。やがて、落伍《らくご》して、結局、ひとりで駄文を弄《ろう》することになってしまった。

柄にもなく英学時評などと銘うった文章をどれくらい書いただろうか。手許《てもと》の雑誌をくって見ればすぐわかるが、悪夢のような文章と再会することは避けたい。とにかく、これはいけない。そういう判定を自分に下して降りることにした。外部に寄稿を仰いで、複数の時評を本文中にのせることも試みたが、うまくゆかない。やはり英学時評は後記の延長なのだと改めて知った。それならいっそのこと後記にしてしまえばいい。それで「編集雑記」の欄をつくってやっと落ち着いた。これだけのことに気づくのに六年も七年もかかった。私はすでにこの雑誌と十二年もの縁を結んでいたのである。英学時評を廃したことを区切に、編集をはなれることにした。後記を書いたのは四号だけである。

後記を書くことになって、ほかの雑誌の後記を改めて気をつけて読んだ。ことに同じ社の雑誌では書いた人間を重ね合わせて読むからおもしろい。頭文字で書く人、苗字《みょうじ》を出したもの、フルネームを明らかにする人、といろいろある。そんなところにも人柄がおのずからあらわれると思った。裏方の仕事にがまんならないというような人は、どうも地味な編集が長続きしない。後記の陰にかくれていられなくなって飛び出してしまう。パブリシティの好きな人は書き手にまわったほうがいい。後記にかくれているのがたのしくてたまらない人間は、性こりもなく雑誌の仕事をするものだ。読者に素顔を見せないかぎり、編集に倦《う》むことはない。

ペンネームを使う心理もわかるような気がする。仮名にかくれてはじめて本当のことが言える。そういう弱い心が人間にはある。昔、小説を書くのは日本橋の上で裸になることだと言った人がある。いくら裸が珍しくなくなった当今とはいえ、ほんとうに裸になるのはよほどの勇気がいる。だれにでもできることではない。筆名という着物をきていたほうが自然に振舞うことができる。編集者も無署名という頭巾《ずきん》をかぶっていたほうが溌剌《はつらつ》と自由になりうるのかもしれない。

同人雑誌

ときどき未知の、たいていは同人雑誌がくる。まず後記を見る。これが何ということもないものは、縁のない雑誌だとあきらめることにしている。裏口を見れば、玄関へまわるまでもない。雑誌識別法というほどのことでもないが、後記を読むのは楽しい。とくにおもしろいと思うと、はがきを書くこともある。それが思わぬ文通になったりもする。一般に、同人雑誌はもうすこし後記に力を入れてもらいたい。後記らしい後記はわりにすくないものである。

手廻《てまわ》しのいい人は知らないが、後記を書くのはたいてい雑誌校了の間ぎわである。印刷所の隅で機械の音をききながら後記を書くというのなどしゃれているが、よほどなれた人でないと、うわついた文章になる。それだけに、書き手の心がすけて見えるから、親しみがわくということもある。ほっとくつろいでいるとき思わぬ本音が出る。そういう文章を読みたいと思っている人は意外に多いのではあるまいか。

「英語青年」の編集を辞めたのが昭和三十八年である。そして昭和四十一年には個人雑誌のような「英語文学世界」を創《はじ》めている。いくらなんでもわれながらどうかと思われる。雑誌バカだと言われてもしかたがない。この雑誌では迷うことなく、はじめから後記のページをこしらえた。やはり月刊だからなかなか忙しい。そしてとうとう百号目（昭和四十九年六月）

の後記を書く。

はじめの十号くらいまで、スタイルが定まらなかった。読者との距離がきまらなかったのかもしれない。毎月これではいかんと思いながら書いていた。外国のニュースをふまえたこともある。企画の手前味噌《みそ》を並べたこともあった。一時は後記なんかやめてしまおうかとも考えた。

そのうち、どうせ小雑誌である。世間並みの雑誌のような顔をして、読者の皆様に申し上げます、などという調子の後記を書いても始まらないと思いだした。そして自分がいちばん楽に書けるものを書くことだと気づく。例によって、はなはだ蛍光灯的である。反応がのろい。一冊の雑誌を編集し終ると、ほっとしてやれやれという溜息《ためいき》が出る。台所の主婦が天ぷらを揚げると、食卓では新香でお茶漬が食べたくなるようなものだ。後記でまで雑誌の中味のことを、ごたごたことあげするのは、くどい。忘れよう。英語とも文学とも、その号の内容ともおよそ関係のないことを、好き勝手に書く。未知の同人雑誌の後記に自分がぼんやり求めてきたようなものを、及ばずながら書いてみよう。そう思った。後記というもの自体、芳賀さんによれば、日本的なものらしいが、それをいっそうあいまいな性格の文章にし、いっそう日本的な後記にしてしまったのかもしれない。人様に読んでいただけるシロモノではないが、思いがけない人から読みましたよと言われると、さすがにうれしい。ファンがいますよ、などと言われると、お世辞だとわかっていても、あとあと反芻《はんすう》して、そのことばの汲《く》めどもつきぬ味わいに溺《おぼ》れる。

新聞の投書欄

話は変わるが、二月（昭和四十九年）のおわりに、NHKのラジオで「新聞を読んで」という十五分の放送をさせられた。日頃からあまり熱心に新聞を見ているわけではなし、毎週のラジオのこの番組も注意しているわけではなく、偶然に聞いたことが何回かあるくらいだった。昨年の夏ごろから二度やってみないかと係の人からすすめられたがその都度、気が乗らない。たまたま旅行の予定があったりしたので、このことを告げると、それでは無理だろうと引き下ってくれた。朝日、毎日、読売は必見のこと、ほかに日経とサンケイは見ても見なくてもよいという。朝刊と夕刊、それだけの新聞とつき合えばその週は何もできなくなってしまう。敬遠したほうが無難だと思ってお断りした。年末には係の人が手帖《てちょう》を送ってくれたりしたので、悪いことをしたような気がしていたところへ三度目の依頼があった。それほどにおっしゃるのなら、とお引受けしたが、思ったより厄介であった。

そういう話をここでしても始まらないから一切省くが、ひとつ気をつけて見たのは読者からの投書であった。なるべく各紙とも見落しのないように見たつもりである。そして社によって投書欄の空気がはっきり違っていることを知った。朝日と毎日とでは読者層そのものがガラリと違うのであろうか。読売とサンケイはこんなに読者が違うのかと目を見はった。日経には投書欄がない。もし読者がそれほど違わないとすれば、各紙の投書欄の差は投書を採る記者の考えの違いを反映しているとすべきであろう。朝日にもっとも質のよい投書が載っている。「声」は充実した欄だと言えよう。ただ、すこし調子が批評的でありすぎる。どれもこれも編集者が代筆したのではないかと思う日があるほどで、選択基準がはっきりしていて、幅はややせまいのではないかと思われる。このことは他紙についても言える。だから、ひどく違った投書欄になるのであろう。世論の反映と見たいが、記者や新聞社の好みが入っていそうな気がして、すこし厭になった。

かりに、読者の書いたままが、活字になっているとしても、と考える。どうしてこうも同じような書き方をしなくてはならないのか。何か腹を立てることがあることはわかるが、しゃくにさわっているとは言わないで、意見があるようなポーズをとる。評論的と言ってもよい。どこまでが感情でどこからが議論なのか、短い文章だからはっきり区別できるわけもないが、心にしみることがすくない。こういう気のきいたつもりのものよりは、数年前読んだタクシーの運転手の投書のほうが心に残っている。信号が変わったから車を止める。歩行者が横断する。しばらくして女の子があらわれた。まだ青で、渡ろうと思えば充分渡れるのに、その子は次の青まで待つつもりらしく、歩道の端に立って動こうとしない。家庭の躾《しつけ》がいいのだなと思いながら、うちの子のことが頭をかすめた。それだけのものであったが、頭のてっぺんでこしらえ上げたような平和論よりも、ずっと生きて行くことの重さを感じさせる。こういう投書がもっとないものかなあと思うが、このごろ姿を消した。

投書をする人の年代がまたもうひとつ気になる点である。ひどく若い人、たとえば十七歳とか十八歳とかが目立つ。この歳では高校生である。高校生だって中学生だって、いいことが言えないものでもない。それはよいが、社会科のおさらいをしているようなものを、新聞が活字にしてやらなくてもよさそうに思われる。それから老人である。時間ができて新聞をよく読む。読めば感想がわく。それを寄せるのであろうが、これには聴くべきものがすくなない。

それにしても、中間の年齢層の人はどうしているのか。ことに働きざかりの男性がすくない。図書館勤めをしていた詩人の観察によると、図書館を訪れるのはどこか思い屈した人が多いそうである。それと同じように新聞の投書をするのは、何か満たされないところをもっている人かもしれない。忙しい勤めをもっていては、ろくに新聞を見るひまもないだろう。中学の友人で、保険会社の支店長になっているのに会ったら、十一時前に家へ帰るようではウダツは上りませんね、とこともなげに言い放った。これでは投書などしていられない。それはそうだが、卵と退役組だけの投書欄では世論の目途にはならない。いっそのことやめてしまうのもひとつの見識か、と思ったものである。もうすこし賢明な読者が、しっかり地に足をつけた発言をする欄にならないものか。イギリスの新聞や雑誌を読むと、無理な註文《ちゅうもん》ではなさそうに思われるのだが……。

編集後記と投書とはどうも性格が反対のように思われる。後記は人びとの後にいて、後列で書かれるものなのに、投書は後ろにいる人の前列へ出たい気持が書かせるものであろうか。後列で綴《つづ》られた投書、たとえばさきほどの運転手の投書のようなものがもっと多くならないと、投書で読者の動向など占うことは危ないように思われる。

そんなことを考えていて、ふと「歴史読本」という雑誌のことを思いついた。ここの読者のページはちょっと変わっていて、投書ではなくて情報交換の広場になっている。五ページ近くあって、投書者が住所を明記しているのも、通信を待っているほうからすれば当然だが、珍しい。意見をのべたものはほとんどなくて、知りたいこと、調べたいことを教えてほしいと訴えている。前列も後列もない、そのひたむきな横顔にはいうにいわれぬ味わいがある。目がくらくらするような細かい活字で組んであるのだが、ゆっくり読むのが楽しみである。新しい投書はこういうものから生れるのではないか、と思ったりする。

雑誌の編集をしていると、ときどき不思議な投書が届く。〝前列〟の投書を見ると、〝後列〟の編集者は妙に落ち着かなくなり、読者はだれもがそういうことを考えているのか、と早合点して、とんでもない雑誌をつくったりすることがある。だいたいにおいて、投書は気にしないがよい。大部分の読者は後列の読者であって、投書読者とは別の世界に住んでいる。投書家は潜在執筆者であるが、そういう人たちにだけ目を向けていてはこまる。読者がないと雑誌はつぶれてしまう。特殊な分野の雑誌だが、編集につき合って二十年になるこのごろ、やっとそんなことがわかりかけた。これまたいかにも頭の悪い話である。

比喩の梯子

表現の没質量

学生の歩いている恰好《かっこう》がいかにもぶざまである。ポケットに手をつっ込んで、かかとを引きずって、どたどた、のろのろと歩いている。とてもこれから人生を始めようとしている人たちとは思えない。映画で見る難民だってもっとしゃんとしている。

洋服を着て、靴をはく生活が普通になったが、洋服はどういうふうに着るのか、靴ではどう歩くべきものかを教わらないいままで洋風生活をはじめて、いつのまにかそれが根をおろしてしまった感じである。洋服も着物も要するに被服だから、別に改まった着方など知らなくても、と思っているのであろうか。

下駄《げた》で歩くも靴で歩くも同じである。どこが違うか、と言われるかもしれない。しかし、まったく同じであるとはっきり証明した人もない。ただ何となく同じように思っているにすぎないのだ。日本人の大部分は、靴でどういう歩き方をしたらよいのか知らずに一生を終る。かかとがすぐ減る。しかも妙な減り方をする。靴屋が繁盛する。これではたまらぬと、かかとに鋲《びょう》を打つ。冬だと道路が凍っていて滑る。もっと滑稽なのはハイヒール。大学生になると女性はハイヒールの靴をはくようになるが、歩き方を練習することもないから、ローラースケートをはいたみたいに不安定である。女子学生の体育には、ハイヒールを正しく、美しくはく訓練をすればよいと思うが、そういうことは決して行われない。

みんな歩き方がわかっていないのに、「進歩」というような言葉は平気で使う。靴をはいた歩き方のほうは放り出しておいて、その上に立っている抽象や比喩《ひゆ》の世界だけを問題にしている。足が地についていない、とはこのことである。歩くことをいい加減にしている進歩思想など信じるわけにはゆかない。

そう言えば、ほとんど体を動かすこともないような連中が、机のまわりでタバコの煙をもうもうとあげながら何々運動の論議に熱中する。運動をしている、と言えば、昔はスポーツをやっている意味だったが、このごろは学生運動、政治運動、地下運動などなど、体を動かさない運動を指すのが普通になった。そういう運動家は、いや、われわれはこれでも実践活動をしている、理屈ばかりこねている連中のほうこそ観念の権化だ、と反駁《はんばく》するであろう。人々は抽象の次元を中心にものを考えているのである。

暴力という語も比喩的に用いられることが多くなったので、暴力を加えたといっても、ほんとうになぐったり、けったりしたのか、それとも心理的苦痛を与えたのかがはっきりしない。それで実際に腕力沙汰《ざた》に及んだときには「物理的暴力」を加えたなどと表現する。暴力は元来物理的なものである。それをわざわざ物理的と断わらなくてはならなくなったというのは末世というほかはない。

ということは、言語が疲労していることになる。実体を知らずに言葉だけでものごとを理解する知的生活の生ずる害である。多くの人が高等教育を受けるようになって、この傾向は急速に広まっている。

昔の話である。田舎のおばあさんが映画を見にいったら、汽車がこちらへ向って走ってくるシーンがあった。だんだん列車が近づいてくる。おばあさんは逃げないとひかれてしまうと思ったから、悲鳴をあげて逃げだそうとしたそうだ。そんなバカな、と鼻さきで笑うまえに、表現とは何かを考えてみる必要があるかもしれない。

表現には、言葉であろうと映像だろうと、質量がない。表現の外にいる虫ひとつ殺すことができない。列車は画面の中では人をひき殺すことができるが、観客席の蚊を追うこともできない。しかし、人間はそういう没質量の表現にふれると、あたかも、実物のような錯覚をもつ。ほんの一瞬の間かもしれないが、この錯覚がまったくなければ、表現の迫力などというものも生ずるわけがない。こちらへ向って驀進《ばくしん》してくる映画の列車を見て、あれはただ光線の模様にすぎないと感じるのが知的な反応であるとするならば、そういう反応をする者にとって、表現はすでに生命を失いつつあることになる。

絵に画《か》いた餅《もち》でも、見ていておいしそうだ、食べたいという気持をおこすのが人情である。しかし、なんだ、どうせ食べられないではないか、生つばなどだすのは低級だと考える高級な不感症が多くなってきた。つまり、表現や比喩をバカにする人がふえてきた。まひした言語感覚をもった人が多くなると、どうしても刺戟《しげき》のつよい、身ぶりの大きな言葉がはびこるようになる。マスコミの表現のどぎつさが問題になって久しいが、比喩に鈍感になった読者が多ければ、どうしても刺戟的な表現が用いられることになる。

実感するということ

オオカミが来たと言って村人を驚かしていた少年の話がある。どうせ子供のいたずらなんだから、本気になって逃げたりするからおかしいのさ、と笑うこともできる。本を読むと、さまざまな経験に学ぶことができる。この世にはあらゆる驚天動地のことが満ちているという印象をうけるが、自分は指一本痛まないから、そのうちに、ものごとの高をくくるようになる。

オオカミが来た、という話には現代人は驚かなくなっている。オオカミなんかいるものかね、とうそぶいていられる。ところが、石油がなくなる、という話だとすぐ信じこむ。三ヵ月たってみるといつもよりたくさん輸入されていたそうだ、ということがわかるが、後の祭りである。トイレットペーパーがなくなるらしい、という噂《うわさ》が流れる。すると有金《ありがね》をはたいてもロールを買いあさる。小さな何DKとかの一室がほとんどいっぱいになるほど買い込んだ人がいる、という。これもおそらくデマであろうが、噂が広まる。そうすると、じっとしていては明日からでもトイレで不自由するようなあわて方をする。洗剤もないらしい。いや、砂糖も不足らしいというようなことで、目の色を変えて寒空を走りまわった。いい運動になったであろう。

やっぱりオオカミは来なかったではないか、政府はもっと早く手を打つべきであったのだ。オオカミ少年の役を演じた新聞はそんなことを書いてバツの悪さをごまかしている。いつの時代にも、オオカミが来たと言って儲《もう》ける人間、おもしろがる人間はいるものである。

石油ショックのときの買いあさりにしても、一般の人間が長いあいだ、ものは買いたいときにいくらでも買えるという考えになれてしまって、不自由さを知らず、したがって、逆に、心のどこかではそれをひどく怖《おそ》れているところに源を発している。戦時中の苦しさを経験した人たちは、さっそくかつての買いだめを実行したグループと、こんなに物があるのなら、まだあわてることはないと達観したグループに分れた。ところが、戦後の世代はすべてと言ってよいほど買いあさりに狂奔した。やはり、実地の経験はつよいということか。オオカミが来たという情報には平然としていられても、いざほんとうに山犬がやってきたら腰が立たないかもしれない。

家康が、人生は重き荷を負って遠い道を行くようなものだと言った。こういう言葉をどれだけ頭の中でわかったつもりになっても、それは絵に画いた餅ほどの意味もない。重い荷物をもつということも実感がない、遠い道を行くのは当然クルマでしょうね、飛行機ですか、などという連中には、家康の言葉は比喩としても成立しないかもしれない。

校庭で先生の話を十分も聞いていると、あちらでもこちらでも貧血をおこす。そういう虚弱な生徒たちに言葉を教えると、すべては空の空なるわかり方をする。身にしみてわかることがない。もっと、なまの経験、比喩でない現実に直接ふれるのでなければ、生きることにならない。

ある文豪が旅行した夜、蛙《かえる》のなき声をきいて、あれは何だ、とたずねたそうだ。蛙のなき声を知らなくても、観念的読者の涙をしぼる小説は書けるであろう。むしろ蛙のイメージのみあって、実際の知識などないほうがよいのかもしれない。学校教育が普及することは本を読まされることにほかならない。蛙の声をききにゆきましょうというような学校はない。それで蛙をご存じない小説家が文豪とあがめられ、本がどんどん売れる。

芸術の表現について

どうも現代の教育はこまったもので、と評論家を気取って、慨歎《がいたん》したいところだが、こういうことは昨今に始まったものではなさそうである。大昔から、蛙を知らない文学者がわが国にはいたらしい。日本人は自然を愛するといわれる。その国で自然を題材にしている詩人たちにも、やはり自然についての第一次的、具体的知識が欠けていたと見られるのである。『万葉集』の歌をみると、さまざまな鳥があらわれてくる。江戸時代の人の調べた本によると、三十五種とか五十四種とかの数字が挙っている。種類の多さもさることながら、鳥について実際に観察している歌が多い。かりに嘱目《しょくもく》を詠んだものではなくても、歌人と自然とのあいだに生々しい共感がある。ところが『古今集』へ移ると、鳥がぱったり飛ばなくなってしまう。種類も限定される。夏の鳥としてはほとんど、ほととぎすだけが許された鳥である。からすのような鳥は不吉だとしてタブーになる。

そのほととぎすにしても、一度も見たことがなくても秀歌ができるようになっている。ほととぎすの観察は必要ではない。詩歌らしく加工されたほととぎすだからである。自然へ目を向けるのではなく、心の中のイメージを注視すれば自然の歌も生れる仕組みである。これが不思議でなくなるところに、伝統の重みと力がある。文学において、観念化された自然の歴史はきわめて長い。蛙を知らなかった小説家は日本文学の伝統に忠実だったわけである。

文学が心象化された自然だけを自然として承認しようが、しまいが、それは文学だけの問題である。野暮な写生よりも洗練された遊びのほうがすぐれているかもしれない。ただ、そういう心の習性が生活全般に作用して、対象をはっきり見ることなしに、用意されているイメージを通してものを見る。あるいは、ものは見ずに感じだけで判断する、というようなことが普通になると、心のたくましさを失うことになるであろう。

自然を愛していると思っているのに、わが国では自然科学の発達がおくれた。他人のことをあれこれ絶えず意識しているのに、社会科学の考えもなかなか根をおろさない。そして、徒《いたず》らにことだまのみさき栄える。

かなり神経の細かそうな人間なのに、部屋の出入りに、ドアを乱暴に音をたてるという例がすくなくない。学校とか役所、病院などにいると、あちらこちらで、バタン、バタンというものすごい音がこだましている。安建築だと隣室にいても振動が伝わってくるほどだ。病院の看護婦にもこういう人種がすくなくないのはこまりものである。ひょっとしたら、近代的女性はドアをさっそうとあけたてしなくてはいけないと思い込んでいるのかもしれない。病人に悪影響のあることはわかりきっているのに、そういう看護婦がいるのは、医学が人間を相手にしないで、病気を相手にしている証拠になる。

ドアをバタバタさせる勇ましい現代人も、家へ帰って障子をあけたてするときには、もうすこしもの静かにするであろうと想像される。つまり、和洋の生活様式の連結がとれていない。家ではもの静かなお嬢さんが、ひとたび、洋装して靴をはいて玄関を後にすると、人間が変わる。

実際、ぐずぐずしていては電車に乗りそこなう。戦闘的にならざるをえない。それで靴をはいているあいだは、四面敵にかこまれているようなつもりで生活している。おしとやかにドアなどあけてはいられない。心はかならずしもそれほど乱暴でないのに、行動が荒々しい、ということがありうる。逆に、外見はいかにもおとなしく、洗練されているようで、その実、心の中ではとんでもない狂暴なことを考えていることもある。心と身体とが一如になっていないのである。人間の各部分がバラバラに働いていて統一がない。ドアをあけるときに障子の開閉の神経は参与しない。観念としての隣人愛は知っていても、実生活ではひどいエゴイズムをふりまわす。これでは文学が人間を豊かにするというのもあやしくなってくる。

午前中にゲーテを読んでいたドイツ人が午後にはアウシュビッツのガス室のスイッチを入れたのだ。文学のヒューマニズムはまゆつばものである。そういう告発が戦後、ユダヤ人から提出された。文学は全人的に人間をヒューマナイズするほどの力はないのかもしれない。

ゲーテはともかく、蛙を知らない文学者はどこの国にもたくさんいるからである。そして、知らないものについても書きうることが、フィクションのフィクションたるゆえんでもあるのだが、あまりに、現実や実体から遊離した言葉によって表現が組み立てられるようになると、やがて人間の分裂が起きざるをえない。

言語の危機

言葉の発達を考えると、まず、具体詞ができる。ついで、抽象的な概念が生れると、具体詞を比喩的に使って、それを表わす。たとえば、「考える」という概念は、英語でthinkのほかに、take, see, hold, regard, comprehendなどによっても表現される。はじめのtakeは「取る」、次は「見る」、以下順に「手にとる」「じっと見る」「とらえる」の原義をもっている。それらが、「考える」「理解する」意味に転用されるのである。

「進歩」という語にも、はじめは「歩み」という原義が感じられたに違いない。しかし、頻繁に使われているうちに、これが比喩の表現であることが、いつとはなしに忘れられる。こういう忘れられた比喩のことを「死んだ比喩」という。われわれの用いている言葉には、この死んだ比喩が実にたくさんあるが、それに気づくことはまれである。

われわれが表現から、ものごとそのものを考えるのに近い作用をうけるのは、言葉が完全に符号化されているのではなく、いくらかは実質の性格をおびているからである。梅干という言葉をきいただけで、生つばがでる。オオカミが来たときいただけで、こわくなる。スクリーンの中の汽車がこちらへ走ってくれば、ひき殺されるかと思う。つまり、表現はまだ完全に死んではいないのである。

ところが、知的教育は、言語を記号、符号であると考える傾向がつよい。これが徹底すれば言葉とものごとの関係は、完全に死んだものになってしまう。言語表現から感動を味わうということも困難になってくる。言語の危機である。ここで、『動物農場』を書いたジョージ・オーウェルが、イギリス人、とくに、中流階級のイギリス人が体を動かし、手を動かすことがすくなくなって、英語は衰弱したと歎《なげ》いたことが思いあわされる。何でも頭の中でわかったつもりになる。肉体を動かすことによってのみわかる部分が欠落してしまうと、言語だけでなく、文化全体が衰弱してくる。栄えた文明が結局は退廃を招いて亡びてゆく。それは人間が体と頭とを分離して、頭を人間の中心とするところに始まる観念過多の宿命というべきであろう。

体をよくしなくては、頭はよくならない。そのように考える教育がないかぎり、教育は人間をほんとうに賢くはしてくれまい。ギリシャ人が知育と体育の融合をはかっていたのであろうと考えられるほか、人類の文化はつねに知育優先を原理としてきたかに思われる。頭でっかちの人間がほんとうに人間らしい人間であろうか。観念とか抽象がすぐれた人間の活動であることはもちろんであるが、その土台となる肉体を否定することは、より高度の抽象的文化の建設のためにも得策ではないはずである。

最近読んだ本の中で、イギリスの有名な辞書編纂家《へんさんか》が六十歳をすぎてなお、毎朝、湖で泳いだ、冬の寒いときには薄氷で胸にきずができた、ということを読んでおどろいた。精神、意志のたくましさは、身体的強靭《きょうじん》さをはなれては存しないのではないか。

文化の発達は、われわれの認識に、比喩の梯子《はしご》を登ることを命じる。そのうちに、大地から遠くはなれたところでのみ、ものを考えて、それが不自然でないように思うようになる。人々は目に比喩と抽象というメガネをかけて現実を見る。都合のわるい現象は目に入らない。理屈に合うようなものだけが現実であると錯覚する。

思想と行為、動作とが連繫《れんけい》しなくなって、教養が人間を豊かにすることがなくなり、逆に、人間的円熟も思想の深化を助けなくなる。現代の教育、文化がすべてこういう身心分離症を生むものだというのではないが、もっと、なまの現実、具体的な身体の動作ということにしっかり根をおろしていないと、知識は蘇生《そせい》することのない死んだ比喩となってしまうであろう。われわれは現実に向って比喩の梯子をおりてゆかなくてはならない。

移すということ

輸入文化

ひところ、明治百年が合言葉のようになっていたことがある。いくらか回顧趣味をこめて明治百年ということを口にする人たちの心では、はるばる来ぬる旅を思う気持が強く働いていたのであろう。おおむね肯定的であった。

しかし、一方では、改めて百年だと言われると、それにしては、あまりにも貧しい成果ではないか、という反省がおこるのも自然である。ユネスコが明治以降のわが国における翻訳を調査するらしい。どういうところが吸収されて、どういうところが反撥《はんぱつ》されたかを見るのだという話である。何だかわれわれ自身がやるべきことを、ユネスコに先を越されてしまったようで、少し恥かしい気もする。名前だけの明治百年記念行事などよりも、こういう地味な研究に金をかけるのが文化というものであろう。

たんに文学や学問だけでなく、すべてのものが舶来、輸入ではじまったと言ってよい明治文化である。外国から摂取したものが、どういう〝翻訳〟を受けて、どういう変化をしたか、という問題は、近代日本そのものの究明にもつながる。

これまで、しばしばくりかえされたことばだが、外国からとり入れた文化は、どうもわが国でうまく根をおろしていないという事実が、こういう時期になると、もう一度、痛切に反省させられるのである。この百年間、日本は、あれもこれもと外国から文物を輸入してきた。そのおかげで、物質文明においては、ともかく、西欧諸国に近いところまで近代化した。その速度は驚異的であると外国人の目を見はらせているようで、それは結構なことであるとしてよい。しかし、考えてみると、日本文化の特色は外国のものをかくも短期間に真似しえたという、その早業そのものの中に、長短こもごもひそんでいると言えそうである。

あまりに要領よく真似してしまったために、かえって、自ら創造する能力を退化させてしまったということもある。外国の学問や思想をまたたくまに消化してしまうが、いつまでたっても、そこから独特の展開が見られない。輸入するばかりで輸出がない。ことに学問の世界において、こういう歎きは陰にこもって内攻しているが、きわめて深刻である。

われわれは、そろそろ、外国に学ぶということが何であるか、そのほんとうの意味を考えるべきときに来ているのではなかろうか。外国の学術、文化、思想を、輸入、紹介するというのはどういうことなのか。これまでの輸入はどのような性格であったのか。外国のものを理解するのは、自国のものの理解とどのようにちがうのか。そういう問題を考えているうちに、ことは移動についての問題であるのに気づいた。

文化の移植

ものを移すとき、いちばんやさしいのは、物理的移動である。これは任意のときに任意の場所へ移すことができる。移されたものは、前の場所と新しい場所の差などからほとんど影響をうけることはない。ヨーロッパから運ばれてきた机は、着いた瞬間から机としての機能を発揮する。

明治以来、われわれの国はおびただしい品物を外国から輸入した。いわゆる舶来品である。品物は、すこしも加工を加えないでも移動ができるので手間がかからなくてよい。そのやり方をそのまま精神的文化財の輸入にあたっても適用してきたのではあるまいか。外国で流行していたり、重視されていたりする学問や芸術があると、さっそく、そっくりそのままもってくる。

何しろこれまで外国の学問をしてきたのは選《よ》りすぐりの秀才たちであるから、学問、芸術についてのこういう物理的移動が、一応はできたように思われるのである。そして、人々は次第に、文化が無生物ではなくて、生命をもった有機体であることを忘れた。品物を輸入すると同じように学問や思想を輸入できることが学者の資格とされるようになったのである。文化のような生き物を移すのは、植物的移動、すなわち、移植でなければならない。どんな小さな木でも、移すとなれば、品物を動かすように簡単にはゆかない。

まず、移植できるかどうかをあらかじめ考える必要があるのである。どんなにきれいな花が咲いているからといって、高山植物を自分の庭先に移植することはできない。受け入れ側の風土、地味、気候などがその植物に適合しているときにはじめて、移植が現実の問題になるのである。何でもすぐれたものなら、どこへでも移すことができるように考える国際主義がいつもわれわれの頭の中にあるが、根づかぬものはいくらでもある。

移すには、まず、根をなるべく大事に掘りおこしてやる。根のあいだの土をすっかり落してしまうと、木が弱るから、なるべく土をつけたままで運ぶ。

植えるところは、できるだけ大きな穴を掘って、あらかじめ適当な肥料を与えておく。準備が必要なのである。根をそこへ置いたらまわりに土をかけ、さらに水をかけて、そっとしておいてやる。すぐゆさぶったりよじ登ったりしてはいけない。

また、移植する場所は、まわりに、邪魔になるものがないようなところがよい。すぐ隣に大きな木があったりすれば、せっかく移植した木も充分に伸びられないだろう。それかといって、砂漠のように、なんにもないのもよろしくないのはもちろんである。できれば、似たような木が植わっていて、うまく空地のあるところへ移植する。

移植の時期はもっとも大切である。花が美しく咲いていれば、だれでも、すぐ自分のところへ移したいと思うのが人情である。しかし、花の咲いているものは原則として移植に適しない。外国の文化でまず目につくのは、花ざかり、流行のまっただ中にあるようなものである。輸入や紹介は、どうしてもそういう花をつけた木を移植することになりやすい。これが、せっかく移植しても、枯れてしまうことの原因になるのである。

移植は花のあと、さきがよろしい。もっとも望ましいのは花の散ったあとである。しかも季節は冬が適している。夏の移植は木にとって危険である。よけいなエネルギーを使うからであろう。要するに盛りの季節を外したほうがよい。

いつも流行を追っているような人間は、結局、自分の手で新しい花を育てることはできない。花ざかりの木をつぎつぎ移植してみても、花も散り、根もつかないで終ってしまうのがおちである。

外国人がどんなに早業で輸入してみても、本国とのあいだの時差はまぬがれない。やっと移植が終ったころには、もう花の時はすぎてしまうのが普通である。移植をする人間は時流に超然とした田夫野人《でんぷやじん》でなくてはならない。根気がいる。

のんきな移植者にとっての一番よい目安は、花の散った時である。人々は、花の散った木を次第に忘れてゆく。そういう木を大事に守っていることに焦燥を感ずるような人は、はじめから移植などに手を出すべきではない。性に合わないのである。

花が散って、また次の花時《はなどき》がめぐってくるまでに、十年、二十年あるいは三十年を必要とするかもしれない。それまではじたばたしないで、ゆっくり待つことである。急ぐと、木そのものの生命を殺してしまいかねない。ことに移植した直後しばらくは、見たところ枯れたも同然であるが、その間が木にとって新しい土地の中へ根をおろしてゆく大事な時なのである。

外国の文化をとり入れようとするとき、なるべく、もとのままを、というのは人情であるが、これも移植の立場からすると、反省の余地がある。移植ということは植物にとっておそろしい危険をともなう試練である。すこしでも余分なものはとりのぞいて負担をかるくしなくてはならない。移植が枝を落して移すのはそのためである。あるがままのものをそっくり移すというのは、ことばの上だけならばともかく、実際には不可能である。物理的移動と移植のちがいも、そこにあるといってよい。

そんなにしてまで移植する必要が果してあるのか、ということになるのだが、よそに咲いている花が美しいと、理屈ぬきでほしくなる。どうしてもうちで咲かせたいと思う。そこでいちばん手っ取り早いのは一枝手折《たお》ってきて花瓶にいけておく手である。これは、なるほど一時は美しいが、こういう花のいのちが短いのは当然である。われわれのもっとも多くお目にかかる外国文化の紹介は、この手の生け花的なもので、三日見ぬ間の桜のように、移ろいやすい。いつも応接に忙しいが、そこから別の新しい花が咲くということはなかなかおこりにくい。

同じ一枝も生け花にしないで、さし木にするという方法もある。時と、ものによっては、さし木の根づくこともないではないが、これは当面の花を賞《め》でるというわけにはゆかないだろう。やはり花をつけた枝をさし木することはしないからである。

どうしても、もっとも正統的なのは移植ということになる。

おもしろいことに、植物には、移植したほうがりっぱな花や実をつける種類のものがあるらしい。ちょっと頭に浮ぶものでも、稲などは移植に適したものの一つである。田植という移動が有効である。逆に動かしてはだめなものもある。

文化においても、同じことが言われはしないだろうか。外国へ移されたほうがかえっておもしろいというものと、外国人には猫に小判でさっぱり理解されないものとがあるようだ。そこのところを心得ていて、外国のものを紹介したり移入したりするようにしたいものである。

いったい、木を植えかえるときには、どうすればよいか、どうしなければならないか、ということがかなりはっきりきまっている。それは、普通の庭師や植木屋ならみんな知っていることである。素人でも庭の植木を植えかえようと思えば、そのくらいのことは知っていなくてはなるまい。モモ、クリ三年、カキ八年というようなことは子供でも心得ているのである。植えてもすぐ実がなるものでないという教訓である。

外国のことを勉強したり、外国の文化を紹介しようとしている人が、こういう植木屋の常識程度のことを、自分たちのしている文化の移植に関して、考えていないとしたら奇妙なことである。それは大げさに言えば、移植の美学ともいうべきものだが、そういう関心が欠けていて、外国の文化がどうのこうの、外国の勉強がどうだこうだというのは、とにかく外国からものを買ってきた、上等舶来のパリパリであるといって、一時のなぐさみに喜んでいるようなものである。無邪気かもしれないが、いかにも他愛がない。

日本独自の文化が育たないなどというのはむしろ当り前のことであるとも言える。移植した木が根もおろさず、新芽も出さぬうちに、もうつぎの木をすぐ隣に移してくる。八年はおろか、三年も待っていては時代に遅れてしまうように思う。掘っては埋め、また掘りかえして、また新しいものをもってきて据える。

しかも、移してくるものが、申し合わせたように花ざかりのものばかりときている。こういうものは新しい土壌に根づいて、新しい花をつけるまでに、とくべつに長い時間を要するはずである。それを待つほどわれわれは気が長くない。性急につぎの花に手を出す。これでは、いつまでたっても大木は育つまい。

明治以来、ずいぶん無理な文化移動を重ねてきた。移植の美学などにかまけていられなかったのは致し方もないこととしよう。しかし、これを全部不毛なりと決めてしまうのはどうであろう。少し早まった考えかもしれない。

由来、島国という文化風土は、なかなか外来のものを受け入れない性格をもっているが、百年にわたる欧米文化の摂取によって、大分、地味も変わってきた。欧米から移されてくるものにもいくらかなじむようになっている。これまでに移植されて、もうだめかと見放されている木の中からも、ひょっとすると、そろそろ新しい芽を出すものがあらわれるのではなかろうか。なんでもかんでもだめだというような絶望こそ、植物を立枯れさせる有害な病気である。気長に先を楽しみにしたい。

ユネスコの翻訳調査も、これまでの移植のあとをもう一度ふりかえってみて、どの木がよく育ち、どれが枯れたかを調べようとするものだとも解される。おもしろい仕事である。外国の機関にだけまかせておくのは惜しい気もする。大がかりな調査はともかく、われわれ個人としても、よく考えてみるべき問題であろう。

翻訳

外国のものの移植でいちばんはっきりしているのは、翻訳である。外国語を母国語に移すというのは、思考の移植にほかならぬ。外国語の初歩の学習者はなんでもかんでも訳せると思っているが、外国語で訳すことのできる部分はごく一部だというのがほんとうのところである。単語一つでも翻訳不能のものがいくらでもある。このごろ日本でも使われるようになったプライヴァシイという語にしても、まだ訳語はない。このままカタカナの日本語になる気配もある。

単語でもそうだから、文章や、もっとまとまった書物の単位での翻訳となると、理論的にはきわめて困難であるといわなくてはならない。しかし、現実には、すぐれた翻訳がでており、それによって、読者は啓発されたり、感動させられているのである。そこに、移植の神秘があるように思われる。

ところで、どうした風の吹きまわしであろうか、このごろ、翻訳家になりたいという若い女性がふえている。これまで、翻訳とか翻訳家と言えば何となく文学的な文章を訳すことを想像したものだが、最近はもっと実用的な翻訳のことを考えているらしいのも変化である。翻訳が芸術から技術になりつつあるのかもしれない。その技術者としての翻訳家にあこがれる人たちが多くなったというわけである。

翻訳を技術なりと割り切ると、ひとつの言語に盛られている思想内容を別の言語へ移しかえるのが、ここで言う物理的移動に近くなるのは自然の成行きであろう。移動の技術さえすぐれていれば、何でも横のものを縦にできるように錯覚するおそれがある。それで外見上は翻訳されたようでいて、その実、翻訳ではないものがますますふえるかもしれない。

翻訳はば、ツウと言えばカアと応ずるような具合にはゆかない。すぐれた思想や芸術はしばしば、当分のあいだ、外国人の近接を拒む。難解でとりつくシマもないような感じを与える。しそれがやがてすこしずつわかるようになって、しっかりした翻訳が生れるまでになる。この間、三十年くらいは要するのである。翻訳にも移植の法則は適用される。

翻訳は大規模な移植であるが、同じ言語を用いても、自分とは異なった文化的背景をもっている人の思想や表現を理解しようとするとき、その過程はやはり翻訳とかなり似たところをもつことに気づくであろう。一種の移植の作業である。

さらに理解作用そのものが、他者を自分の精神の土壌の中へ定着させようとする移植の作業であるということもできる。あるときどうしてもわからなかったことが、何年かして、突如として、氷解するというような経験をするのは珍しくない。これも、移植したものが、そのときになってはじめて、生命を確保して、新しい組織の中で芽を出したことを意味するのではあるまいか。

古人の、知己を後世に俟《ま》つ、ということばは悲壮なひびきを蔵しているが、生れた土地が適していないか、移植されたところが合わないかして、長いあいだ、冬眠状態を余儀なくさせられることを覚悟したものと考えられる。

ほんとうにすぐれたものは、しばしば、生れた時代や社会に適合しない、一般の承認を得にくい性格をもっている。他所へ移してもなかなかすぐには新しい活躍をはじめない。一種かたくななところ、こわばりをもっているのである。

それでいて結局、移植、移動、翻訳、理解などの困難な変化にたえて、真の不滅の生命を得るようになるのは、ほかならぬこういうかたくなで、なかなか新しい環境になじまぬものである。これを古典的性格と呼ぶことができる。

ほんとうにすぐれたものが、よしんば時間はかかっても、人間の心から心へ移植できるということは、考えてみればすばらしいことである。

百年くらいの期間だけで、日本の外国文化紹介は失敗であった、などと過去形で考えるのは、すこし不遜《ふそん》であるような気がする。いまは眠っているように見える移植された欧米文化の木に、これからどういう花がつくか、むしろ、それを待つ心をもつべきではないかという気がする。

Ⅲ　ことばのかたち

女性的言語

黙っていてはいけない

列車に乗って旅行をすると、ときどき田舎《いなか》の老人と隣合せになる。お年寄は口がさみしいらしくたえず何か食べている。こちらが本などを読んでいても、かまわず、みかんいかがです、うちのほうのはおいしいんですよ、とか言って話しかけてくる。それじゃ頂きましょうか、となって、話が始まる。内心、やれやれとんでもない道づれができてしまったと思いながら……。

田舎のおじいさん、おばあさんは、旅は道づれ世は情《なさけ》、何時間もいっしょにいて黙っているという法はない。そう思って、かりそめのつき合いを求めてくるのだろう。こちらはひとりでぼんやりしているのがいちばんありがたいのだが、声をかけられてしまえば、黙っているわけにはゆかない。

しかし、老人たちは話し始めると切り上げ方を知らないから、どちらかが降りるまで、ただ音を出している会話がつづくことになる。それがたまらないから、みんな沈黙は金なりを実行するようになるが、考えてみれば、隣合せに坐《すわ》って、ひとことも口をきかないというのも、赤の他人が何時間もしゃべりつづけるのと同じように不自然である。

乗りものに乗って、隣の人とごく自然に、気持よくふたこと三こと口をきく方法というものはないだろうか。急にあなたはどこへ行きますか、などと切りだされては迷惑する。まして や相手にわかるはずもない固有名詞などが飛びだしてきては、返事のしようもない。黙っているのは確かにまずい。口をきくのはいいが、何を話題にしたらよいのかについて、あらかじめごくゆるやかな合意もなくて話をするから、妙に疲れるのである。

同じ島国でもイギリスには、そのところの常識が何となくできているらしい。列車のコンパートメントに乗り合わせた乗客は、まずお天気のことから話し始めるのが普通になっている。これを説明して、わが国の英語教師が、ことほどさようにイギリスの天候は変わりやすいのだ、と学を示したものだが、もちろん、天候に関心をもっているイギリス人がないわけではないが、ゆきずりの人とお天気のことを話し合う人たちが、みんな気象学的興味の持主であるわけではない。黙っていては落ち着かないから、何か言わなくては、と思う。しかし下手なことを言ってはまずい、いちばんさしさわりのない話題は何かと考えると、天候だ。

それで、今日はまた何とひどいお天気でしょうね、といった挨拶《あいさつ》から切りだすというわけだ。これは日本だってそうであるが、そのあとすぐパーソナルな話題へ移ったりするからこまるのだ。こういうときには、相手に直接関係のあるような質問は用心ぶかく避けなくてはいけないのである。天候の話のタネがつきてしまったら、スポーツのことでもいい。それもタネ切れになったら、静かになればよろしい。

戦後、言葉はコミュニケイションの手段だということが強調されたものだから、すべての言語活動には伝達したい内容がなくてはならないように考える向きがふえているが、何もとくに伝えたいことがあるのではなく、相手と人間関係を結び、それを保つのに話すことが必要だという場合が実に多いのである。われわれの言語生活は大部分そういうものだとさえ言うことができる。

黙っていてはいけないから何かをしゃべる——これが大きな意味をもつのが人間の社会である。いわゆるコミュニケイションではない。そういう言葉に論理を求めることはお門違いである。何かにつけて論理を気にする人が多いが、乗客の会話の論理性をうんぬんする人はあるまい。

当りさわりのない言葉

いまかりに、いわゆるコミュニケイションを目的としないで、人間関係の確立、維持のために行われる言語活動をアルファー・コードと呼び、情報、意志などの伝達を主眼とする言語をベーター・コードと呼ぶならば、われわれの日常生活の大部分はアルファー・コードによって営まれていることを知るであろう。さきの列車の中の乗客の会話もアルファー・コードによるものである。ここでうっかり、ベーター・コードをもち出したりしては、はなはだハタ迷惑になる。

男の言葉は理屈っぽくなるというが、それはベーター・コードを使うことが女性に比べて多いからである。女はアルファー・コードを多用する。また、そのほうが女らしくて愛嬌があると考えられる。アルファー・コードはそもそも論理などを気にしないものだから、女性の言葉に〝いわゆる論理〟が欠落しているのは当り前であろう。男の言葉だって、アルファー・コードが用いられているときには女性の言語の多くと同じように〝没〟論理になる。アルファー・コードは話し相手との距離に敏感である。何を言うかではなくて、どういうふうな口のきき方をするかが重要である。敬語はしたがってアルファー・コードの花というわけになる。

ベーター・コードが、相手との距離にはかまわず、「スペードをスペードと呼ぶ」(ずけずけあからさまに言う)ことを建前としているのに対して、アルファー・コードは相手の心を傷つけないように、言葉を選びながら話すのである。

荒野を思う存分走りまわるようなときには、どちらへ行くかが問題になる。二点の最短距離は直線にきまっているから、まわりくどいことやよけいな飾りは不必要である。相手を選ばないのだから、いつどこでも通用するような表現が好まれる。

そういう直進型の言語を、狭いところにたくさんの人のひしめいているようなところへもちこんでは大変なことになる。人と衝突し、怪我《けが》を負わせ、結局、立往生してしまうに違いない。こういうところでは、なるべく人につき当らないように、当りさわりのないような言い方をする工夫が必要である。言いたいことをまったく言わないのではない。そっとかすかに触れる程度の言葉づかいが奥床しくて快くひびく。

どんな人間でも他人との心理的距離を考えないで生きて行くことはできない。その距離のごく小さな場合を考えると、母親と幼児のあいだに見られるスキンシップがある。これはあまりにも接近しているから、他人という自覚をともなわない。その逆にきわめて大きな距離をもっているのが、未知の人たちの集団、公衆を前にしたときのような場合である。このスキンシップ距離と公衆距離の中間に、つき合いの距離ともいうべきものがある。知り合いから親友までを含み、ひとりひとりが微妙に違った距離に立っている。

こういうつき合い距離にある相手との距離確認は通常言葉によって行われるが、日本語はこのつき合い距離の表現がたいへん豊かに発達している。敬語もその距離の具体的表示にほかならない。なるべく柔軟な言葉を送ってその反応を見る。これではすこしていねいすぎるかもしれない。それは距離を大きくとりすぎたからで、こちらの心が届かない。もうすこしよそよそしくない、親しい言葉を使う必要があると感じる。その反対に、これでよかろうと思った表現が相手につよくひびきすぎるということが起れば、もうすこし距離を大きくとらなくてはならない。よりていねいな言い方をする。

こうした心理的距離の微調整に、もっとも有効にはたらくのが言語、ことにアルファー・コードとしての言語である。そのときの言葉に論理がはっきりしなくてもしかたがない。というよりむしろ当然である。論理などもち出したら微調整などできるわけがない。

女性のほうが言葉が柔らかい。それだけ言語による心理的距離の調整も微妙であるが、男でもそれに無関心であるわけでは決してない。日本語全体がこの点では女性的なのである。何を言うかではなくて、この人との間柄はこれくらいの間合いでよいかどうかということに関心が向けられ、雰囲気、情緒が重視される。これを言語的洗練が進んでいると見ることもできるであろうし、よく言われるように、論理に弱いと見ることもできよう。

あっさり・さっぱり

日本の冬はすばらしい。外国人がよくそう言う。彼らは東京に住んでいるからそんなことが言えるのであって、北の国の冬のきびしさを知らない。が、とにかく、太平洋側の冬は晴れていて爽快《そうかい》である。おそらく四季のうちでもっとも安定した気候であろう。北ヨーロッパの重苦しい冬に馴《な》れた人がきてびっくりするのもむりはない。

ところが、五月ごろからの梅雨と高温にはお互いになやまされる。長雨が気分をうっとうしくさせるだけではない。健康をもむしばむ。夏になるとそれが食欲不振を招いて、夏痩《なつや》せの現象を呈するのである。栄養分のあるものを口が受けつけないから、冷しそうめん、冷《ひや》奴《やっこ》といった、いかにも、さっぱり、あっさりしたものばかり食べているから痩せもする。土用にうなぎを食べるくらいではどうにもなるものではない。

気分がふさぐから、生活のほうもなるべく淡白にしたい。障子をさっと開くと目に青葉、部屋の中にはよけいなものをごてごて並べたりしないで、机ひとつ置いてその前に坐る。それが明窓浄机《めいそうじょうき》である。あっさりした生活が、高温多湿の風土にはよく適合する。さらり、とか、淡白、とか、あっさり、とかは美学的含蓄をもつようになる。しつこい、くだくだしい、ごってり、などは逆に好ましくない連想をひき出す言葉である。

日本人が淡白であるかわりに持続力に欠けていると言われるのも、この生活感覚に左右されているところがすくなくないのではあるまいか。うるさいことは嫌いだという。ごてごてしているのはおもしろくないと感じる。

こういう傾向が言語に影響しないはずはない。こまかいことは省略してしまう。それがわからぬのは野暮だとして相手にしない。のけもの扱いされるのは誰しも好むところではないから、お互いに以心伝心の術《すべ》に長ずるようになる。こうして言葉の通人社会が生れたのである。筋道を飛ばして結論をだす。結論は相手の想像に委《ゆだ》ねて、さりげない話でお茶をにごす。ありのままをくどくどのべるのは興ざめだとされる。

そういう淡白好みの通人たちが考えだした詩型が和歌であり俳句であって、短いことでは世界に類がすくない。ことに大昔から確立している和歌の形式は、日本人の感性、言語、思考を決定するほどの力をもってきたように思われる。

その妙手たちに比較的女流が多かったことも、またおどろくべきことである。ヨーロッパの文学の歴史を見ると、文学史そのものが短いこともあるけれども、三、四百年前の時代に女流詩人の名を見いだすことは困難であろう。ところが、わが国では千年ちかい昔でも、女性は男性と肩を並べて名歌を数多く残している。ことに日本の言葉が花と開いた平安朝の文学は実質的に女流文学であった。そういう古い時代に、こういうことがほかの国で起っているだろうか。日本語全体に女性的性格がつよいことは認めてよい。

女性的言語が持久性のつよい長篇詩に結晶しないで短詩型文学を生んだのは、やはり風土的因子によるものと考えられる。さらりと流す叙情が尊重される。その女性的性格にいくらか反撥《はんぱつ》したらしく思われるのが、俳句というさらに短い詩である。和歌が仮名言葉中心であるのに、俳句では漢語の比重が大きい。俳句を見ると日本語にも男性的要素が存在することがわかるけれども、それはあくまでも女性的言語文化という大枠の中における転調でしかない。

そういう和歌と俳句の相違はありながらも、実によく似ているのは、言葉のいわゆる論理に背をむけていることである。さっぱり、あっさりしたことを好む言葉では論理的思弁などを弄してはおられない。感覚的に全体を直観で把握する。

目には青葉山ほととぎすはつ鰹《がつお》　素堂《そどう》

この句の表現しようとしているものを理屈で説明しようとすれば、おそらく何十枚もの文章を必要とする。それでも決して言い表わせぬものをこの中に凝縮させている。論理を超える論理があるからだ。

「言ひおほせて何かある」――そう芭蕉《ばしょう》は言っている。完結した表現、整いすぎた言葉は詩にならないことを、これほど端的にのべたものはすくない。「言ひおほせ」ないためには論理でも何でも犠牲にしてかえりみない。

考えてみると、こういう傾向は南方文化の特色であるような気がする。同じように日本語を使っていても、北方文化圏の人たちは、あっさり、さっぱりをすてて、重厚で理屈を好むのである。ねちねちしたくいさがり方をする。具体的な地方の名をあげるのはどうかと思うが、信州の人たちは概して理屈っぽいと言われる。長いきびしい冬が信州人を思弁的にしているのであろう。信濃の文化は男性的である。全国的に小学校教員は半分以上が女性である現在においても、長野県では依然として男性教師のほうが多いという。理屈を好むという点では、哲学者、哲学的思想家が輩出しているばかりでなく、一般の人たちにも思弁的傾向がいちじるしい。山を越えて南へ出た東海地方とはいちじるしい対照である。

そういうことはあっても、しかし、日本語全体の、しかも、文字になったもので見るかぎり、女性的論理の性格がはっきりしている。言うまでもなく、それをもっともよく示しているのが女性自身である。

聴覚的な言葉

もうひとつ考えなくてはならないのは、日本語は二元論に立脚しているということである。ヨーロッパの言語は日本語の仮名に当るものしかない。音標文字である。ところが日本語にはそのほかに漢字という象形文字がある。この性格の異なる二つの要素が混合して日本文をつくり上げる。音声にした場合、漢字と仮名の形式的差異はずっとすくなくなるが、漢字の男性的性格、仮名の女性的性格は消えないで残るのである。漢字は目の言葉、仮名は耳の言葉であるから、話し言葉においては、女性的な仮名の言葉が支配的になりやすい。

女の名前には仮名が多い。男の名は漢字が普通である。ということは、男の名は見れども口にせぬもの、女の名は呼ばれることを前提としたものであることを暗示している。女性的言語とは耳の言葉、聴覚的言語のことにほかならない。平安朝の昔、すでに女性の手によって仮名文学の発達を見たのは偶然ではあるまい。女性の言葉の特色は耳できく、ということに由来するとしてよいであろう。

もっとも、女性に高学歴者がふえてくるにつれて、この、男は目の言葉、女は耳の言葉というパターンが崩れつつある。女の人が妙に理屈っぽくなっているのは、耳の言葉をすてて目の言葉へ移ることを、現在の学校教育が要求しているからである。さらにつけ加えるならば、その学校教育の原型は、ヨーロッパの信州に当るようなところでつくられたものであることも、忘れてはなるまい。男性的で思弁的で視覚的である。こういうものが女性、ことに日本の女性にただちになじむはずがない。女性が日本の近代化でおくれた部分であったのはそのためである。その女性が大学へどんどん進学するようになり、目の言葉に親しむようになった。日本語そのものの性格にかかわる大変化であると言わなくてはならない。

これまでの日本女性には聴覚的人間が多い。それは日本語が、男性の言葉と女性の言葉とでかなり大きく違っていることと関係があるかもしれない。さきにものべたように、日本語は全体として女性的性格がつよいが、ことに女性の日本語はその特色がいっそう顕著である。文字による認識ではなくて、耳からの言葉による経験によって成長したのが日本女性である。

その聴覚的人間の認識は、視覚的なものの考え方、論のすすめ方とは大きな違いをもっている。視覚的思考は透視図画法（パースペクティヴ）、遠近法に還元できる整合性を具《そな》えている。ところが聴覚的思考、認識は平面的遠近法では処理できない立体性を特色としている。かりに、いわゆる論理を視覚的遠近法における秩序だとするならば、聴覚的認識にはそれによって律せられない部分があっても不思議ではあるまい。女性的な日本語がいわゆる論理になじまないのもそのためであろうし、ことに女性の言葉が、一見いかにも没論理のように受け取られるのも同じ理由によるとしてよい。

聴覚的論理ともいうべき新しいロジックが確立されれば、女性的な言葉も、それなりに論理的でありうることになる。それは音楽のように重層的であって、直進するのではなく、ラセン状階段を上ったり下ったりするように、同じことを繰り返しているようで、いつのまにか異なった次元に達しているといった展開をする。

透視図画法においては、同じ一点に複数のものは同時に共存できない。平面幾何学の世界だからである。ところが、聴覚的遠近法では、相反するものが同方向に存在しうる。平面に投射したとき矛盾になることも、立体においてはすこしも衝突することがない。禅とか俳句とかは、外見はいかにも男性的に見えるけれども、こういう超矛盾の性格をもっている点で、聴覚的論理に支配されている。したがって、女性的認識に立脚していることになる。女性の言葉を没論理ときめつけてしまうと、禅や俳句の論理も否定しなくてはならなくなる。

日本語は主語がなくても意味が通じる。そういう要素をあまりあらわにしないところが床しいとされるのである。ただ、柔らかな言葉でラセン状に表現を重ねていれば、いつしかムードを生じて、相手の言わんとする心が伝わってくる。以心伝心である。

母の言葉

生れたばかりの赤ん坊は、母親を主任教師として母なる言語、母国語を学びはじめる。これはまったく聴覚的であって、いかなる神童も目に一丁字《いっていじ》もない。その言葉を精神の綜合栄養《そうごう》として嬰児《えいじ》は目に見えて成長し、やがて言語を使うことができるまでになる。母乳によって大きくなるのに似ている。

これまでの母親は、生れてから口をきくまでの子供の言語教育をどうすればよいのか、組織立ったことを教わってはいなかった。ただ、わが子可愛《かわい》さに導かれて育てて大過なかったのである。それは、母親が大体において聴覚的人間であったために、新生児の言葉の教育に適していたからである。女性の言語は非論理だときおろす手合いにしても、そもそもの言葉の洗礼は母親によって行われたことを忘れてはなるまい。

戦後、女性の教育水準がどんどん高まっていまでは男性と肩をならべ、ところによっては男性を凌駕《りようが》する勢いを見せている。それは結構なことで、男性にとってもご同慶にたえないのだが、気になることがないでもない。というのはいまの高等教育はほとんど読書能力に依存しているから、大学を出た人間は多く視覚人間になってしまう。女性が大学を出て、○○的××主義などという視覚人間の用語を得々としてふりまわしているうちに結婚する。子供が生れたからといって急に聴覚人間へ転向できるものでもない。どうしても生れたばかりの子供には不適当な言葉を多く使うことになりやすい。

これは子供にとって、とんだ迷惑な話である。文字を知らないと区別できないようなことばが日本語には多すぎる。それを雨あられのように浴びせかけられたら、子供の頭はどうかしてしまう。お母さんは、昔ながらの聴覚人間であったほうがいいのではないか。たとえどんなに高度の教育を受けても、いわゆる論理的であることだけをよしとするのではなく、これまでの女性の一見没論理な、やさしい言葉の感覚を失わないように願いたいものである。

日本語もろくにできないような人が、外国語に憂身《うきみ》をやつすというのも、思えば、おかしなことだが、ことに母親になる女性はそうである。将来英語をわが子の第一言語にさせたいのならともかく、りっぱな日本人にしたければ、りっぱな日本語を使える人間に育てたいのであれば、外国語かぶれはやめることである。本さえ読んでいれば高級と思うような錯覚をすてることだ。

正しい女性的言語をいちばん身につけてほしいのは、これから母親になる女性たちである。母親の話す言葉に民族の将来がかかっているからにほかならない。

政治と言葉

玉虫色の解決

政治のことばと言えば、人はすぐ、「前向きの姿勢で善処いたします」「充分検討いたします」「さっそく調査いたします」などの決まり文句を思い浮べるだろう。

これらのことばは文字通りに解釈してはいけない。善処すると約束してくれても、いつかその結果が出てくるなどと本気に考えるものはない。口で検討すると言っても、ほんとうに検討したりはしないし、かりにすこし検討したって、だめという結論になることは、はじめからわかっているのだ。つまり、こういう決まり文句は、「ご要求には添いかねます」という意味を、やんわり伝える方法にすぎない。

官僚になると、もうすこし、あからさまに「予算がありませんので、せっかくのご意見ですが……」などと逃げる。そこで聞いているほうの国民は、政治家や役人はいつも同じような答弁ばかりする、と言って、何ごともうわの空で聞き流す。政治や行政のことばを適当に翻訳する技術を身につけないから、いたずらな不信をいだくことになるのである。

もっと正直なことばを使うべきだと考えている人が多い。政治家の中にもそう思っている人があるようで、昨年の秋、地方のパーティに出席したある大臣が「この答弁は国会答弁のようないいかげんな答弁ではありません」と見得を切った。それはいいが、この発言が国会軽視だというので野党の追及を受けて大騒ぎになった。

この大臣の発言に共鳴する国民もすくなくなかった。ことばが適切でなかっただけで、国会答弁はいつも責任のがれの逃げの答弁である。それに対してここは仲間うちの集りだから腹を割ったことを話そう、という意味だったのだろう。それをいわばことば尻《じり》だけをとらえて問題にされてしまった。気の毒だ。このごろの政治家はこういうことばの端々をとらえて、〃失言〃問題をつくって紛糾させる手がお好きらしいが、第三者が見ているといかにも子供っぽい感じがする。

もっとも、それが相当な点数をかせぐのは、国民が、内容よりもことばづらを重んじるからで、それを見込んで〃失言〃さがしをする政治が横行するのだろう。政治でことばが大きな役割を果すようになったのは、こんなところでもうかがうことができる。

どうなるかわからぬ将来の問題について、どうするのか、と責任のある人が詰め寄られたら、わからない、と答えるほかなかろう。わからない、では無責任だと叱《しか》られるから、善処、検討、調査、考慮で逃げる。言質をとられない必要がある。のらりくらりの答弁ができるようになるには、かなりの年期がいるのである。

正直なことはいいが、それが相手に反撥を感じさせるようでは、政治のことばとしてはまずい。白であってくれと願っている人がいる反面、黒でなくては承知しない、という人々もいる。こういうとき、いちばん無難なのは、灰色ですと言うこと。それなら白派はこれは白だと思うことができ、黒派には黒に見えるから、不充分ながら両派を何とか黙らせられる。

このごろよく耳にする「玉虫色の解決」というのがこれである。公的なことばは、大なり小なりこの玉虫色の性格をもっているものだ。見方によってまったく違った解釈が成り立つ。政治は公的態度の表明であるから、飲み友達との雑談のように、思ったことをそのまま言うことは許されない。公的発言のルールがある。いまはそのルールがすこし幼稚で、あまりにもきまりきっている点は、改善の余地があるにしても、バカ正直に思ったことを言っていては政治はかえって混乱する。「正直は最上の政策なり」は当世の政治では通用しない。

内輪のことば

このごろの新聞の〝記者席〟といったコラムを見ていると、カッコつきで政治家のことばが紹介されている。たとえばこんな具合である。

「あらゆる機会をとらえて（早期解散否定を）言わねば……」「この際だから（後任の人選、任命は）なるべくすんなりはこびたいと思っている」

このカッコは記者が読者のために註釈《ちゅうしゃく》としてつけたもので、当の首相は言わなかったものだ。記者はいつも当の政治家につき添っているから、かんじんなところを省いてもよくわかる。それで政治家と新聞記者のあいだでは、ごく非公式な会話が行われる。家族のあいだで、

「あれ、どうする。やはり、しなきゃ、まずいか」

というだけで、何のことかわかる。これを他人に聞かせようとするなら、何ヵ所もカッコの註釈が必要になろう。政治家も国会答弁で、善処、検討したあとで、気心の知れた記者相手に〝ウチウチ〟のことばを使って心境をのぞかせる。それは自由だが、活字になって新聞に報道されると話は別である。内輪な話を公の場へみだりにもちだしてはいけないことは、国会答弁のようないいかげんなことは言わないといって物議をかもした、さきの大臣の例でもはっきりしている。特定の相手に語られたことばをそのまま不特定多数の人たちの前へひきずりだせば、具合が悪くなるにきまっている。

内輪でしゃべったことはおもしろい。政治家の本心をのぞかせていることが多い。それは

読者も歓迎するから、カッコつきの会話が新聞にも出るのだろうが、政治家はそういう〝引用〟について、もっときびしい態度をとらなくてはウソである。どんな誤解を受けるか知れない。政治家の失言問題には内輪で言ったことが公的な場で批判されておこるものがきわめて多い。場所柄を弁《わきま》えているだけでは安全でないのだから政治家たるもの楽ではない。こういう〝失言〟狩りがつづくようだと、政治のことばは味もそっけもない、公的発言ばかりになってしまう恐れもある。

政治のことばは、一般有権者に向っての公的発言と、仲間や後援者を相手にする私的発言との両極に二分されている。これまで日本の政治家は、どちらかと言うと私的発言を中心に活動してきたと思われる。滋味のある座談のできる政治家は相当たくさんいるのに、ひとたび大向うを相手にすると味もそっけもない演説しかできなくて、失望を与えるという例がすくなくなかった。

これからは、その公的発言をいかに洗練させるかをもっと考える必要があろう。政治は言論によって進められるべきものだが、政治家がことばによって不特定多数の人間の心をとらえようという努力をしないところに言論は存在しない。存在しない言論について自由もへったくれもあったものではなかろう。言論戦が発達しないから実弾戦がものを言うのである。デモクラシーは公的言語の上に成長するものであることを、国民もそろそろ気づいていい時期ではあるまいか。

ピグマリオン効果

政治は学問とは違う。真理の探求をしているのではない。ほんとうのことしか言ってはいけない、などと学校の先生のような註文をつけてもはじまらない。ウソも方便ということばがあるが、夢を与えるウソもときに必要だ。徳川家康が、ほんとうらしいウソはついても、ウソらしいほんとうを語るな、という意味のことをのべたらしい。やはり非凡な政治家である。

四十名のクラスで試験をする。先生がその半分の二十名をこっそりひとりずつ呼んで、君はこんどの試験によくできたと告げる。その実、先生は答案を全然見ていない。まったくデタラメに半分の生徒をほめたのである。ところが、ある期間たつと、このほめられた半分がほめられなかった半分よりも、実際に成績がよくなる。これはピグマリオン効果と呼ばれるものだが、まさに、ウソから出たマコトの適例である。

政治は未来を志向する。その点で教育によく似ている。よくなる、よくなる、と言っていれば、ほんとうによくなるかもしれない。よくしよう、よくなるはずだ、と信じることから、ことは始まるのだ。

現実や事実はどうにもしようがないと思われるが、案外そうでないこともあるのは、ピグマリオン効果の例を見てもわかる。ことばで現実を変え、新しい事実をつくり出して行くことができる——そして、それを実現するのが政治でなくてはなるまい。

『古今集』の仮名序に「ちからをもいれずして、あめつちをうごかし、めに見えぬ鬼神をも、あはれとおもはせ、をとこ女のなかをもやはらげ、たけきもののふのこころをも、なぐさむるは歌なり」とある。この歌をことばにおきかえて読むと、政治にとって言語がいかに大切なものであるかを理解するよすがになるだろう。ことばは思いのほか強力である。

そのことをすでに千年も前に看破していたわれわれの民族は由来、ことばに敏感であったと想像される。ところが、近年はこれに新しい事情が加わった。教育の普及である。教育とは一口に言って、ことばで現実、事実、知識を伝え、その代用をさせる訓練にほかならない。したがって教育の程度が高くなればなるほど、人は言語に鋭敏になるのが普通である。いま日本語ブームといわれる現象が見られるのも、決して偶然ではない。政治家の失言問題に社会が関心をもつこととも無関係ではなかろう。

高学歴社会はことばで勝負する。すくなくとも勝負しようとしている。実際よりもまずことばでどういうかが問題である。そういう世の中になっているのに、政治が相変らずことばを重視しようとしないでいるのは困ったことだ。利害の対立などもことばの対立でしかないことがすくなくない。政治家はもっとことばに神経質になってよい。失言がしばしば問題になるのも、政治家の言語意識が社会の動きから遅れていることを物語る一例だと考えることもできる。

ニワトリとタマゴ

とは言うものの、国民一般が言語的に成熟しているのでもない。政治家の言うことをきいて支持、反対をきめるのではなく、近くの河に橋をつくってくれるから一票を投じる。鉄道を通してくれたから支持する、という有権者がまだまだ多い。ことに農村などでそうだ。政見発表など聞きにゆく人はすくない。公的発言には興味がないのである。それよりも就職を頼みにいったら愛想がよかった、世話をしてくれた、というほうがずっと実質的な政治活動の意味をもつ。ことばよりダンゴ。

それに、だいたい人の話をじっくり聞くことが下手である。都合の悪いことは頭から受けつけない。これでは対話とか討論が成り立つわけがないが、それでも、できれば交渉や話し合いをしようという建前だけはもつようになっている。

お互いに相手の言い分をよく聞いたうえで、自分の立場を主張するという討論のルールもまだ確立していない。相手のチームに攻撃のチャンスを与えないで、いつもこちらから攻めてばかりいる——そういう野球をするようなもので、議論は決してかみ合うことがない。またたくまに泥仕合になる。そうすると、ちょっと、冷却期間をおいて、裏工作をしてまた再開ということになるのは、国会などがお手本を見せてくれる通りである。公的発言では問題はすこしも解決しないで、休戦して、まあまあ、という私的発言をつみ重ねて何とか形をつける。

日本語は島国言語である。だから言論はどうしても私的なものになりがちで、公的な議論でさえも私的感情がからむ。互いに興奮して、ケンカ腰になる。いかにも白熱した激論のように見えるが、その実は空虚な感情的発言の交換に終っていることが多い。それればかりか、討論する前よりもかえって対立が深刻化していることとすらすくなくない。

政治のことばが未熟である点について、政治家だけを責めることはできない。むしろ、全般的にみると、国民が、まだまだ政治と言語との関連について認識を欠いている。それを反映して政治家もことばに鈍感な状態をつづけているということであろう。どちらがニワトリで、どちらがタマゴか、わからない。

修辞学と胃の薬

人を動かすことば、さきの『古今集』の序の句を借りるなら、「力を入れずして天地《あめつち》を動かす」ことばはどうして得られるのか。

それを考えるのがレトリックである。

レトリックは修辞学と訳された。しかし、修辞的と言えば、内容のないことをことばづらだけ飾るときに使うことが多いのを見てもわかるように、どうもわが国では修辞学が栄えない。明治以来、外国からいろいろな文化、学問が入ってきた。もちろんレトリックこと修辞学も紹介されたけれども、とうとう根をおろさないままに終ってしまった。

何しろ、日本は、文字の社会である。大事なことは何でも書く。約束でも一札《いっさつ》とる。口だけでは信用しない。本を読むのは勉強だというが、人の話を聞いてもそうはいわない。耳学問というのは本を読まなければ学問にならないという常識から生れたことばだ。

人に訴えるのも、話すより文章のほうが有効なことがすくなくない。口で説得することはあまり得意でない。学校の国語も、文章を読むことにはたいへん熱心だが、話し、聞くほうはからきしだめである。

短い講演もうまくゆかない。まず、話すほうがおもしろく話さない。アメリカ人が日本人のスピーチがあるのなら胃の薬をもってゆけ、食べたものが消化しない、と冗談を言うそうだ。それくらいである。聞くほうがまた、聞き下手で、要旨をつかむことができないときている。

こういう社会でことばの専門家としての政治家の責任はきわめて重い。心をひく話し方を身につけて、相手の耳を傾けさせなくてはならない。利害の対立しているときも話し合いによって、解決点をみつける話術をもってほしい。そういうことばをドラマティックというのだ。

ただ、カンカンガクガクの論を展開すればよいのではない。ヒューマーもほしい。イギリスの大経済学者ケインズが不況時に景気の見通しを記者団からきかれた。

「長期的にわれわれはどうなるのですか」

「長期的にはわれわれはみんな死んでいるね」

それを不真面目《ふまじめ》だと目くじら立てないで、なかなかやるもんだねえと、笑顔で受けとる心のゆとりがほしい。われわれは政治のことばにも、もっと人間的な温かみを求めている。

宗教と言葉

恍惚

さきごろ「恍惚《こうこつ》」という言葉が新しい意味を帯びて大流行した。「他のことに心をとられて、うっとりしたさま」などといった従来の語義のほうはうっかりすると忘れられかねない。この恍惚にあたる一語を英語の中に求めるとすれば ecstasy（エクスタシー）であろうが、おもしろいことに、これには古来、聖俗二様の意味がある。俗の意味は「うっとりするほどのはげしい喜び、有頂天」で、聖の意味は「（神に触れる）法悦」である。この両義が併用されているうちに、相互に干渉しあい、影響しあったと思われるが、一方が他方を駆逐することもなく共存してきたのは、めでたいといわなくてはならない。

昔、中学校の英語の時間で「国王は国民を愛した」という英文があって、これを先生が訳されたとき、生徒はいっせいに笑った。なにがおかしいのか、と先生はけげんな顔をされたが、田舎の中学生にとって「愛した」という日本語は、顔から火のでるほど恥かしいものであった。もちろん、現在のようなきわどい意味をふくめていたわけではなく、漠然と男女間の愛情をあらわす動詞と感じていたのが、謹厳なるべき教室で、こともあろうに、先生の口から発せられた意外さが笑いになったのである。

日本語の「愛する」は英語の「ラヴ」に比べて意味が性愛に限定されすぎてしまっていることとも関係があるかもしれない。「ジョンはチャールズを愛した」という表現は英語では恥かしくなくても、日本語では、同性が愛するとは……と、とんでもない連想が働くおそれがある。中学生には「ラヴ」と「愛する」とが完全には同義でないことがわかっていなかった。

一般に「愛する」という語が性愛に偏りすぎてしまっている。日本語ほどではない英語の「ラヴ」にしても、なお、人間的愛情への斜きがいちじるしい。ところが、「ラヴ」は、ごく古い時代から「(神が人を)愛す」「(人が神を)愛す」意味で使われている。つまり、宗教上の愛という意味がある。人間同士の愛と神と人とのあいだの愛が同じ語で表わされるということが、すでに千年もつづいている。ここでも、聖・俗の共存が見られる。

こういうことは、ほかにも例はいくらでもあるが、宗教が言語を用いている以上、避けられない現象である。いったい言葉というものは事象に対応するものであるけれども、そうかといって、すべての事象ひとつひとつに対応するのではない。一対一の対応をしなければならないのだとすると、言葉の数は無限になってしまい、実用にならない。有限の語彙《ごい》で無限の事象を表現するには同一語彙をいくつもの目的に多用しなくてはならない。一語で何役かを負担してもらうことになる。宗教的用法をもつ語だからといって、俗用に使ってはならないといってはいられないから、聖と俗の言語的交流は、一方が他方の比喩であるといった意識もなく、きわめて自由、活潑《かっぱつ》に行われると見てよい。

ただ、ここで注意しなければならないのは、宗教語としての性格のつよい語が世俗的用法へ流用される場合と、逆に一般日常語が宗教的表現に徴用されている場合とがあることである。宗教語中心に考えるならば、前者は流出であり、後者は流入である。現代は、流出と流入においても興味ある時代と考えられるので、この点を中心に、宗教と言葉の問題を考えてみたいと思う。

言及する例などが多く外国語の背景をもっているのは、筆者がたまたま語学の教師であるからであるが、あまり具体的宗教に即しないで、むしろ、一般的な考察を行うには、身近な問題よりも、すこし離れた現象を取り上げたほうが好都合と考えたからでもある。

世の中が変わると、思いがけない変化が起る。聖書の英語が古風である、これを現代風に改めなくてはならないということになって、先年の『ニュー・イングリッシュ・バイブル』が生れたらしい。イギリスでは評判がよいようだから、われわれ外国人がとやかくいうのは慎むほうが礼であろうと思うが、それを範として?わが国でも現代口語訳聖書が試みられ、やがて完成した。新しい信仰には新しい表現が必要なのであろう。若い世代には、これまでの荘重ではあるが、古色蒼然《こしょくそうぜん》たる文体では何となくなじめない感じを与える。なるべく日常の言葉に近いもので聖書も訳そうという意図自体については、いまここで問題にする筋合いはない。

言語の問題として考えた場合、これはなかなか重要な、そしてそんなにしばしばは起らないような現象をふくんでいるように思われるが、まず、日本の口語訳聖書が、たとえば、神に向って、「わたしはあなたを愛します」というような表現をとることに注目しなければならない。

英語の「ラヴ」はさきにものべたように、宗教的愛をふくめて広範囲な愛を意味することができる。それに対して日本語の「愛(す)」は限定された範囲で使われる。宗教的愛をあらわすには「愛(す)」はむしろ適当ではないかもしれない。ただ、文語体の中だと前後関係で独特な宗教的雰囲気を出すのに効果的だということも考えられる。ところが、「わたしはあなたを愛します」となると、話は別である。

口語的ではあるが「わたしはあなたを愛します」は完全な口語ではなく、かなり人為的なスタイルである。それはともかく、口語に近づけることによって、「神を愛します」が比喩的な響きを帯びる、あるいは、パロディと感じられてしまうのである。「女を愛する」というような用法のほうがむしろ普通である日本語において、人間のかわりに神を対象にした表現をすれば、人間中心主義、宗教は二の次になることを認めたようなものである。口語訳聖書はまさかそういう人間中心主義、ヒューマニズムを念頭に置いた実践ではなかろう。

中学生のときに「国王は国民を愛した」という言いまわしにひっかかるものを感じた、その語感は三つ児《ご》の魂となって生きつづけているらしく、「わたしはあなたを愛します」とあれば、どうしても人間同士の舌足らずのせりふのように思ってしまう。こういう人間の感覚のほうがどうかしているのだ、放っておけ、といわれそうである。こちらはどうせ縁《えん》なき衆《しゅ》生《じょう》だから、どうでもよいが、普通の日本人なら、右のように感ずる人はすくなくないはずである。そしてそういう普通の人に訴えるのが目的の口語訳であるとするのなら、こういう素朴な感想も無視できないのではあるまいか。

こういった、いわば言葉尻の問題だけではない。日常の言葉づかいが宗教の教典の表現へ流入するのは、いつの世の中でも、すこしずつ起っていることではないのである。たいてい、宗教的表現は世俗的表現と一線を画して独立しており、無闇《むやみ》と世俗の言葉が流入することは考えられない。通俗な言葉で宗教のことを語ろうとするのは、宗教と社会との関係がよほど大きく変化しているときであると見てよい。

一般に宗教語は日常表現に比べて古雅な感じをもっている。荘厳さを具えていることが多い。擬古体の与える印象には、宗教的情緒と通じあうあるものがひそんでいるのかもしれない。しかし、時が経《た》つにつれて古雅な様式が廃語的になる。それでも宗教の伝統は何とか形式を維持しようとするが、やがて、それも限度に達して、言語的革新が必要となる。

日常語の宗教への大量の流入が起るのは、このように、宗教自体の革新が求められる時期と、それに関連して、あるいは、独立に、その宗教の使っていた言語の耐用年数が切れて入れ替えが求められている時期との二つであると考えられる。

近年の聖書における口語文体の導入は、このどちらの要因にもとづくものであるかは別として、現代におけるキリスト教が大きな変革期に遭遇していることは、多くの人々の認めるところであろう。

そういう状況のもとにおいて、世俗語が宗教へ流入することがあるからといって、宗教の民主化などの名目のもとに、用語の平俗化を試みることはよほど慎重であることが望まれる。日常使いなれている言葉で宗教を語り、その秘義を伝えるのは、いくらか古風で特別な言語によって同じことをするのに比べて、はるかに困難だからである。宗教の指向する世界そのものが、多くの人間にとって、日常性を超える高いものと感じられている。いくらか高雅荘重な表現様式に盛られていても決して不自然ではない。むしろ、当用の平明、通俗な言葉で表現しようとすることのほうが、かえって異常な努力を要することなのである。

誓言

日常語の宗教への流入がどちらかといえば特殊な現象であるのに対して、宗教語の日常語への流出はごく自然のことである。

「馬鹿」とか「畜生」とかが、もともとは仏教からでてきた言葉であることを意識しないで日常に用いられている。どこの国の言語にも、その社会の支配的宗教から流出して、いまではその発生が忘れられてしまっている多くの語彙があるものだ。

ここでは、宗教語の俗用が独特の情緒的要素をもつことについて触れておきたい。

英語で誓言《せいごん》(swearing)というものがある。「神の名を呼んで照覧を乞《こ》うこと」で、元来は、宗教的意義をもった表現であった。ところが、そういう必要のない日常の場面にも、誓言が乱用されるようになる。

どうして、ほんとうに誓言をするのではないのに、そういう表現が用いられるのか、この解明には宗教心理の深奥に立ち入らなくてはならない。筆者にはもちろんその用意はないが、想像されるのは、神聖で恐れ多い表現を、あえて、低俗な状況で使うことによって、強い情緒が表出できるらしい、ということである。

「神かけて」(by God)というような句が、文字通り「神かけて」誓うのではなく、ただ、おどろきや、軽蔑《けいべつ》などを表わすのに用いられる、これが乱用である。そのニュアンスはほかの表現ではだすことのできないものである。その刺戟《しげき》の強い風味が好まれて、いよいよ頻繁に使われるようになる。当然、教会はそういう用法は神を冒瀆《ぼうとく》するものとして禁じようとするが、タブーになると、かえって表現のヴォルテージが高まる。誓言が「悪い言葉を使う」とか「口汚くののしる」というところまで意味を低落させられるのは、高いものを引き落す、その落差によって、強いエネルギーの生じることを期待してのことである。

神聖度の高い表現ほど、俗用した際の情緒的迫力も大きくなる。それだけにまたそういう用法は下品であるとも感じられるであろう。上品な人間はそういう誓言の使用を遠慮するか、かりに使っても、なるべくさしさわりのないような、効果の小さなものを選ぶのである。

下品な言葉を改まった場合にわざと用いれば、相手に衝撃を与えることができるが、逆に神聖な言葉をなんでもないことに使っても、やはりつよい感情的要素が生れる。こういう心理的微妙さが気づかれて、古くから特定の表現様式を確立させているのは注目してよい。

ついでながら、中世ヨーロッパで、悲劇は身分高きものが、運命によってその地位を失う、つまり、高いものが没落するところに成立すると考えられていた。誓言が強い情緒的効果をもつ心理とまったく無関係とはいえないであろう。

かつて、誓言の使用に対してきびしく禁止的態度をとっていた教会も、社会の変化とともに、これに寛大になってきている。それにつれて、宗教的言語の流出がいっそう自由になるわけであるが、インフレーションのように、量が多くなると、単位当りの効果は減じてしまう。そして、これが、逆に日常言語の宗教への流入を誘発するようになるのかもしれない。

こぼれた宗教

イギリスのある批評家は、宗教がその本来の世界におさまっていないで、一般に広がったから、ロマンティシズムが生れた。食卓の糖蜜《とうみつ》の壺《つぼ》をひっくり返したと同じように、蜜が一面に広がってしまって、ものごとのけじめがはっきりしなくなった。始末が悪い。天国に神を見つけられなくて、地上の人間のあいだに神を求めようとするような考えがそこから生れてくる。この批評家はそういって、宗教的なものが世俗の中へ流出するロマンティックな精神を批判している。

宗教的表現を日常の会話などに応用することがただちに、宗教の解体をもたらすとは考えられないが、なお、いくらかは、糖蜜をこぼすのに近いところがないとはいえない。つまり、誓言などを乱用するのは、「こぼれた宗教」になるというわけである。かつてキリスト教の教会が、誓言を冒瀆として禁じていたのは、やはり正しい見識だったのである。壺に入っているときはすばらしいものでも、床の上にこぼれてしまっては台なしである。あるべきところへ納めて置くように、というのは糖蜜の番人としては当然すぎるほどの警告であろう。

それだけにまた、これをあえてひっくり返すときのスリルは抗し難い。そして、聖なるものが俗の中へ拡散してゆく一般的傾向は必然的なもののように思われる。言葉についても、元来は宗教においてのみ用いられたものが、いつのまにか、日常の表現に用いられるようになる。

この聖なるものが俗なる世界へこぼれ出る傾向に対して、俗なるものが聖なる世界へ流入するのもまた、宗教にとってきわめて重大な意味をもっている。考えようによっては、誓言の乱用などとは比べものにならないほどの大問題であるかもしれない。

言葉がすこし古くなった、くらいで、新しい平俗な表現ととりかえようというのは、「水で割った宗教」にすることになりかねない。これまでストレートの宗教の味わいを大事にしてきた信仰者たちはさぞかしとまどうであろう。水割りならご免を蒙《こうむ》るという人がでるかもしれない。すこしくらいそういう脱落者があってもしかたがない。いや、むしろ、あったほうがよい。そのかわり新しいたくさんの入信者が集まってくるはずだ、というのが「水割り宗教」の背後にある考え方であろうか。それならば、宗教改革的思想を秘めている。

宗教語の俗用についてはきびしい態度で臨む教会も、聖書の言葉を水割りにしようというような、逆の作用には反対しないばかりか、これを進んで迎えようとする。流出は嫌うが、流入のほうはチェックをしないのはおもしろい。

われわれのような平凡な人間にとっては、宗教は宗教らしくあってもらったほうがありがたい。無闇と宗教語を俗用に使おうとする、こぼれた宗教もこまるが、それかといって、なるべく下戸にも口あたりがよいようにと、水でうすめられた宗教も感心しない。あるべきところに納まっていて、それを表現するのにもっとも適切な表現が用いられるのが望ましい。難しい事柄には難解な表現を用いるのは当然で、それを無理にやさしそうに見せかけるようなことは邪道である。神秘に属することには神韻縹渺《しんいんひょうびょう》たる言葉が必要なのだから、遠慮なく難解な表現をすべきである。弱い人間が多いことは事実であろうが、そういう連中ばかりに目を向けて、支柱となるべきものを忘れては本末顛倒《てんとう》である。いわゆる民主主義の形式にとらわれると宗教というもの自体存在が危うくなってしまう。胸を張って、自己を表現する手段を堅持すべきで、その結果、局外の人間にはなんのことかわけのわからぬ特殊用語がすこしくらいできるのは、すこしも恐れるに及ばない。充実した世界はつねに、なにがしかのそういうジャーゴン（特別な人たちだけに通じる言葉）をもっているものである。ジャーゴンをすてては宗教は存立できないであろう。

外来語の氾濫

現代の日本語には外来語が多すぎる。どうして意味もなくカタカナの日本語を使うのか。このごろは、そういう声が多い。タバコの名前など、わずかに日本語のものもあるが、売れ行きはさっぱりで、やはりカタカナ名でないとだめだそうだ。いくら外来語はこまるといってみたところで、そういうご本人が日本名のタバコを敬遠するのでは話にならない。

外来語には伝統的な言葉の連想がないから、われわれのほうで勝手なイメージを載せやすい。日常性が稀薄《きはく》なだけ、呪文《じゅもん》的効果が大きいといってもよいであろう。タバコは生活必需品ではなくて、いわば煙に巻かれてもつ夢を求めて吸うものである。生活からの離脱があってよい。現実的な命名では逆効果で、なんのことかよくわからぬような語のほうがなんとなくしっくりする。自分の吸っているタバコの言葉の意味を知らない人はかなりあるのではなかろうか。

タバコに限らず、化粧品や服飾、薬品などでも、わかりやすい、そのものずばりの命名ではまずいことが多い。日常性を外す必要があり、それには手垢《てあか》のついていない外来語がうってつけだと歓迎される。

宗教に対しても、われわれは、いくらか超日常性を求めている。常住《じょうじゅう》坐臥《ざが》、これ仏ならざるはなし、というような宗教的達人は別として、善男善女の多くにとって、やはり、苦しいときの神だのみ、というのが平均的な宗教観であろう。日常より高いものとしての宗教に、あまりに平明すぎる言葉が使われていると、幻滅を感じるかもしれない。ほどほどに遠く、いくらか含みがあってわかりにくい、専用の言語が宗教にはほしい。俗語とは一線を画して、高度の洗練を保っているべきであるということにもなる。不用意な混淆《こんこう》は警戒しなくてはならない。キリスト教がながくラテン語の経典をもち、カトリック教会では、現在もラテン語のミサが行われている。信者には意味がわからないかもしれないが、だからといって、これを形式主義だと笑い去ることはできない。外国語、古典語で表現されているから、それだけつよく呪文効果、つまり、宗教的雰囲気が漂うのかもしれない。それは、イタリア語がわからないでもイタリア・オペラに感動できる、というのよりももっと深い感動であろう。

われわれは、〝日常語の迷信〟にとらわれている。そして、いちばんよく使っている言葉がいちばん使いやすいと考えるが、それが誤っているのである。当用の語は手垢がつき、よけいな連想が付随していて、思うようには使えない。不正確でもある。純粋な論理を追究する数学が、そういう言語をすてて、数式を採用したのはそのためである。数学だけでなく、すべて厳密を目指す学問は競って数学を導入して体系化を図ってきた。詩も長いあいだ、特有の詩語をもっていたが、同じように日常の不正確な言語を避けようとする配慮にでるものである。

宗教が純粋に聖なるものを追究しようとするのであれば、どうしても、ある程度、固有の表現様式を確保していなくてはならない。水割りの言葉に愛想を振りまいていれば、大衆化には当面成績をあげるかもしれないが、真の宗教的深化からは遠ざかることになる。ほんとうに深い宗教でなければ結局、大衆からもいずれは見放されてしまうに違いない。

宗教は頑《かたくな》なまでに、自らの言語の体系を守るべきで、それが保守的だといわれるならば、その保守主義をあえて採るだけの気魄《きはく》がほしい。

論争と言葉

論争不毛の社会

文芸雑誌などでは、いつも論争よ起れ、といった意見が出されているが、いっこうに論争らしいものはあらわれない。こんな無風状態で文運の栄えるはずがないではないか。そこでまた、もっと論争を、という掛け声になるのだろう。

論争よ芽生えよと待っていても、まかぬ種ははえようがない。かりに種をまいてあっても、不毛の地なら芽を出すことは難しい。

企業の人たちは、とにかく会議が多くてやり切れない、とこぼす。会議があれば議論をするだろう。議論をすれば意見が対立してしのぎを削る場面もあるに違いない。とすれば文壇は無風、無論争としても、会議、会議の企業では、さぞ論争が多いだろうと考えたくなる。ところがそうではない。会議はするが、たいした議論もない。ただ会議が踊るだけらしい。

つまり、種はまいているが、論争にならないということだ。われわれの社会は論争不毛の地だと考えるほかない。日本人や日本語には、どこか本質的に論争とはなじまないところがあるのだろう。そういう人間が、そういう言葉を使って議論や会議をしても、実りのある結果にはなりにくい。ときたま論争といわれるものがあると、目をそむけたくなる泥仕合になってしまう。それを承知のうえでの論争待望論なら、野次馬根性かコマーシャリズムの手先であって、真面目に相手にするまでもない。

社会における人と人とのかかわり合い方を乱暴に二つに分けると、演劇的関係と〝なれ合い〟の関係になる。

演劇的関係というのは、ワレとナンジの対立をおもしろいと見る人たちのあいだで発達するものだ。他人と意見を異にするのはわかり切ったことで、それを率直にのべ合って何が悪いか、と考える。そういう人たちの社会で演劇が栄えるのである。

それに対して〝なれ合い〟の社会では、心に思っても口には出さない、それどころか、顔色、素振りにも出さない。へたにほんとうのことを言えば、決定的対立を招くおそれがある。さわらぬ神にたたりなし。言うべきことも暗示的に遠回しに伝える。以心伝心が重んじられ、腹芸が幅をきかす。

こういう社会では演劇が育ちにくい。芝居はあっても、人間と人間とが衝突する葛藤《かっとう》を描くドラマではなく、義理と人情の板ばさみになった人間の苦しみが主題である。

なれ合いの言語

人間に見られるこの演劇的関係と〝なれ合い〟の関係の違いは、それぞれの社会で用いられる言語の性格にも反映する。

演劇的関係の支配する社会では、ドラマティックな論理の対立を尖鋭《せんえい》に打ち出す言葉が発達している。これが演劇に適しているのはもちろんだが、冷静な批判にも欠かせない媒体である。論争を怖《おそ》れない。攻撃されたら反撃するが、カラッとしていて、妙に内攻して怨念《おんねん》のもやが立ちこめる、ということはすくない。議論は感情的になったほうが敗け、というルールもできている。

〝なれ合い〟社会の言語ではそうはゆかない。自分を他と区別することをはばかる。第一人称の「私」をなるべく避けようとするから、主語の隠れた言い方が多くなる。そのためソフトで微妙な言葉や敬語法は高度に発達して、すばらしい文学詩歌の伝統をつくっている半面、演劇や哲学は不振にならざるを得ない。

われわれの住んでいるのは、この〝なれ合い〟の人間関係と〝なれ合い〟の言語の社会である。種をまいても論争が芽生えぬのは当り前である。外国をまねて企業が会議をしてみても、会議らしくならなくてもしかたがない。

〝なれ合い〟社会が〝なれ合い〟言語を使っていてうまくゆかないのは論争ばかりではない。たとえば書評も、もともとは演劇的社会においてこそ順調に育つものだ。それをわれわれは〝なれ合い〟の社会と同じ性格の言語において書評を考えている。書評の名で呼ばれるものはおびただしくあるが、本来の書評とはすこし性格が違うのである。

書評をする人間は本をワレとナンジの関係で見ているのではなく、著者、作者を横目でうかがいながら、間接に挨拶をしている挨拶書評が多い。そしてそれが結構通用するのである。書評でうっかり本音を吐いたりすれば、著者から一生、口もきいてもらえなくなる。

すっきりとさわやかな批判がすくないのも、同じ根をもった現象である。言語の特性は五十年や百年では変わるものではない。そうだとすれば、にわかに論争や書評が活潑になることは望み薄である。

感情をまじえず、乾いたスタイルで花は紅《くれない》、柳は緑と言い切ることの難しいのが日本語である。論争には向かないが、そのかわり座談にはうってつけである。ほかの国には類例のない座談会記事というものが雑誌をにぎわして、読者にたいへん好評である。議論したり、自分の主張をごり押しするのではない。ゆるやかなテーマについて、ご馳走《ちそう》をつつきながら、心に浮ぶよしなしごとを、そこはかとなく語り合っていると、いつしか時間になる。その雰囲気が出ていればいいのだ。論争などが始まったら楽しい座談会は台なしになる。

会社の会議にしても、議題の処理もさることながら、出席者の和をはかるのに思いのほか大きな役割を果している。論理より雰囲気である。

われわれの国は西太平洋上に浮んだ軍艦のような形をしているが、その中に住んでいる人間も軍艦人間が多い。集団的に孤立しているのだ。集団内部〝なれ合い〟の関係によっており、外部へ出ないかぎり平穏に生きて行かれる。文壇も企業も、そういう軍艦社会で、その中でほんとうの論争など起るわけがない。

ところがひとたび軍艦の外へ出ようとすると〝なれ合い〟の言葉がじゃまをして、論争が泥仕合となる。軍艦社会の悩みというべきである。

日本語の国際化

人かものか

こちらに何かすぐれた文物があって、それを外国へ輸出したい、紹介したいというとき、普通、その説明ぐらいはしても、まず実物を送ることを考える。桃李《とうり》もの言わずして下おのずから蹊《けい》を成す。よいものは黙っていても、やがて世界の認めるところになるはずである、という考え方もあろう。

ところが、国と国との交渉においては、善意が善意として通らないことがある。すぐれていると思うものが、相手側にそう思われないこともすくなくない。物の輸出には道ならしが必要である。物を押しつける前にイメージづくりが求められる――そういう考えに従って行動したのではないかと思われるのがイギリスである。

イギリスは製品を送り込んでくる前にまず人を送ってきた。すくなくとも、ものだけ売るということをしなかった。人がついてきたのである。産業革命にいち早く成功したイギリスは、工業生産物に自信をもっていたはずだが、それ以上にすぐれた人材を信頼していたのであった。つまり、イギリス紳士を輸出した。それが成功すると、あとから〝イギリス製〟が乗り込んでくるという順序である。

たとえば、日本の鉄道はイギリスからの技術導入によって歩みだした。機関車、レールはもちろん、片田舎の駅の手洗をW・C・と呼ぶところまでイギリス流であった。（水洗でもないものをウォーター・クローゼットと呼んで怪しまなかったのも、要するにイギリスでそういうのだという理由による。）施設よりイギリス人の鉄道技師が偉かったという話である。イギリスを崇拝する気持が日本人の心に育っていった。それで、日本へ持ち込まれた鉄道が、イギリスではお払い箱になった狭軌であることなど、だれも問題にするものはなかった。わが国の国鉄は新幹線ができるまで狭軌の制約に苦しまなくてはならなかったわけだが、その原因であるイギリスの鉄道輸出のやり方を恨む声はついに起らなかった。彼らがものの前に人、イギリス紳士を輸出したからである。

この伝統は十九世紀から二十世紀へ受け継がれてイギリスを支えた。第二次大戦後のことである。何とか戦勝国の仲間入りこそしたものの、イギリスが戦争から受けた傷はあまりにも深く、経済が深刻な危機に見舞われることも一再ではなかった。輸出優先が叫ばれて国民は耐乏生活を忍ぶことを要請された。そのころ、議会で貿易担当の大臣が輸出の状況の報告を求められて、現在〝英語〟がイギリスの有力輸出品でありますと答えて、話題になった。めぼしい輸出物資をもたなくなったイギリスにとって、書籍がバカにならない外貨を稼ぐことをしゃれて言ったものである。十九世紀の先輩たちが種子をまいてくれたおかげで、百年たっても言葉を輸出できると言えたのである。ものの輸出に汲々《きゅうきゅう》としていたわが国にとって、これがニュースにもならなかったのは是非もない。

イギリスが外国へ優秀な人材を送り出すのは、われわれの想像を越えるところがある。現在の日本ならともかく、明治の日本は欧米にとっていわば蛮地である。そこへ、オックスフォード、ケインブリッジ出の若い秀才たちが喜々としてやってきて、ひたむきな仕事をして帰ったのである。情熱は民族、言語などの壁を貫いて伝わる。イギリスという国はこういう人ばかりいる国なのだろうか、すばらしい国であると思うようになる。さきの戦後の耐乏生活のイギリスが一級品のスコッチ・ウィスキーは輸出にまわして、国内では消費しないようにしていたのが思い合わされる。人であれ、ものであれ、いいものを外国へ送る、これが輸出国のプライドというわけなのであろう。日本が植民地をもつようになったとき、そこへ出掛けた人たちがどういう意図をもっていたかを考えると、思い半ばにすぐるものがある。もちろん例外はあるにしても、多くの人が「飛ばされて」「泣く泣く」植民地へ行ったか、さもなければ、一旗上げてやろうという一旗組であった。これが日本のイメージをどれだけ悪くしたか知れない。

そして、このことはいまも充分に反省されていない。日本が国際化されたと言って喜んでいる人は多いが、飛ばされて泣く泣く赴任する社員や、どうせ日本にいてはウダツがあがらぬから一勝負やってみるかといった雄飛型が生き残っているようだと、国際化は悪者ジャパンの名を世界に広めるだけのことになる。エコノミック・アニマルなどという綽名《あだな》は、その心配を裏付けるものだ。

ものを輸出する前に人を送るイギリスの方式に学ばなくてはならない。アメリカはこの点でイギリスに劣っていたために、同じ英語国でありながら、親英派は多いのにアメリカへの軽蔑はなかなか消えないのである。戦後の日本はイギリス型を捨てて何事によらずアメリカ方式に従った。これは経済の高度成長にはプラスであったが、思いがけないツケがいまごろになって廻《まわ》ってきて驚いている。

そこで遅まきながら、文化交流という貿易に目を向けるようになった。結構なことであるが、うっかりすると、ここでもものの優先の考え方が尾をひきそうである。海外における日本語学習熱が高まると、それでは日本語の先生を送らなくてはならないと言う。その通りだが、どういう先生を送ればいいのかと考えることもなく、日本語教授技術者の養成が始まる。専門家として日本語の教えられる人が必要なことは言うまでもないことだが、教授技術のみに目をとらわれていて、人間を忘れては何もならない。どこへ出しても恥かしくない日本人に、外国へ行っていただきたい。そういう人に日本語を教えてもらいたい。もちろん、技術がしっかりしていればそれに越したことはないが、かりに技術の細部にいくらか不足するところがあっても、そんなことは問題にならない。

わが国では戦後、技術導入ということをさかんに行った。技術だけを切り離して輸入することができるとする思想がそこにはある。同じことを日本文化、日本語にあてはめて、方向を逆にして輸出しようという考え方がもしあれば、それは実りの貧しい努力となるであろう。われわれはこれまで輸入には苦労してきたが、輸出にはあまり慣れていない。ことに文化に関してはそうであるが、そのことが反省されないまま、文化交流が進められるようなことがないように祈りたい。

国語愛

日本の近代化は外国語学習を原動力として推進されてきた。外国語と言っても、英独仏語の〝先進国語〟に限られる。外国語ができることが人間の価値を高めるというような錯覚さえ生じた。外国語崇拝である。そうなれば、母国語が冷飯を食わされるのは当然で、日本人には日本語ができて当り前、そんなことに労力をつかうのは愚かだという風潮が定着した。学校でも国語の教育は漢字の読み書きができればいいくらいに考えてきた。つまり、まるで関心がなかった。外国語には憂身をやつしているのに、どうして母国語がこれほどないがしろにされていたのか、と不思議がる人すらなかったのである。それが翻訳文化というものだ。

そういう歴史が百年つづいたために、外国語のほうだってたいしたことはないのだが、母国語がろくろく話せも書けもしない国民ができてしまった。読むのも充分とは言えないが、これは受身の活動で、文章に寄り添って理解することもできるが、話す書くとなると、無自覚でも言葉の原理ができていないと手も足も出ない。

戦後は「日本語が乱れている」という批判がしばしば聞かれたが、乱れるとは基本があってのことである。いまの日本には他人の言葉を乱れていると断ずる基準がはっきりしていない。そのことこそもっとも恐ろしい乱れである。乱れの槍玉《やりだま》にあがるものが、いつも言語の末端の単語であるのも気に入らない。根幹が空洞になっているのに、葉っぱがおかしいと言ってみてどうなるというのか。単語の次元ではなく、語の連結、センテンスの組織を考える統語法に立脚した日本語論ははなはだすくない。ほとんどが、単語か何かを問題にしている。

日本の経済が高度成長をとげて国際的驚異の的になった。それにともなって国民のあいだに大国意識が芽生えたのである。言語的ナショナリズムはその分脈にすぎないのであろうが、言葉についての関心がすこしずつ高まってきた。ひと昔前までは言葉といえば、まず外国語が問題になったのに、日本語が関心の中心になってきたのはナショナリズムに根をもつものだからである。

品物の輸出ばかりが貿易だと思ってきた国民は、文化交流という言葉を見てもなお、言葉も輸出できるもの、輸出してよいもの、であることに思い及ばない。海外で日本語学習の希望者があらわれるようになって、日本人はむしろとまどった。これまで、われわれは日本語ほど難しいものはない、外国人には日本語を使わせるのは絶望的である、だから、われわれが外国語を身につけて……と考えてきたからである。それを向うから習いたいと言ってきたのだから、どうしたことかとびっくりする。しばらくして実にいい気持になって、大国意識をくすぐられるままにしている。

物品の輸出だけしてきたために、言われなくてもいい悪口を言われたのである。イギリスのように言葉を先行させることまではできなくても、せめて、物質と文化を同時に併行して輸出することを心がけていれば、物品の貿易もどれくらいスムーズに効率よく拡大されたか知れない。いまからでも遅くない。実業界の諸君が、急がば廻れの道理に目を開かれることを切望する。

外国人から日本語を習いたいが、と言われたら、あわてるのは当然である。われわれ自身ついこのあいだまで日本語を小バカにしていたし、外国人に教えるはおろか、自分自身でも納得できるようになっていない。自ら誇りをもっていないものをどうして他人に教えられようか。国民全体として母国語を愛する心を育てなくてはならない。日本語の国際化はその国語愛を母港としてのみ可能である。

大言語の意識

国語愛が、ただ伝統の言葉を墨守すればよいというのであってはならない。言葉は生きている。新しいものの現出が避けられない以上、命を失ったものが消失してゆくのも自然の理である。ことに、これまでのように一民族が一言語を〝うちうち〟で使ってきたのとは違って、外国人にも使われる言語になるとすれば、われわれ自身の日本語についての感じ方、考え方も変えなくてはなるまい。

まず、日本人の国語についての関心はいつも枝葉にこだわる傾向をもっている。内輪の言葉という性格の言語だからであろう。戦後の日本語政策（いやな言葉であるが）において、大きな役割を果した国語審議会にしても、漢字と仮名の論議に終始している。知らない人は、それが国語問題のすべてだと思うかもしれない。単語レベルでしか国語を考えていないではないか、という批判はしかしほとんど聞かれないのである。国民のほとんどすべてが、国語を単語でしかとらえていない証拠である。それで乱れた、いや乱れていない、とやっているが、幹と根のことは忘れている。

これでは、日本語を学ぶ外国人の前に立つことはできない。言語は単語だけでできているのではないことを知らなくてはなるまい。たとえば、パラグラフ（段落）の感覚のない人が多い。日本語にはパラグラフは不要だという説に立っているのであれば、それもひとつの主張であるが、そうでなくて、なんとなく段落の意識がないというのは、外国へ日本語を送り出すときに困る。それからまた、スタイルについてしっかりした自覚をもつ日本人がきわめてすくない。おもしろいスタイルというものを実感することのできる国語教育は、わが国ではまったく行われていない。それにかわるものとしてかどうかわからないが、思想、思想という。スタイルの欠落した思想は裸の思想であって、みっともない。思想そのものも寒くて風邪《かぜ》をひくだろう。

次には、言葉についての妙な潔癖さが改められなくてはならない。

翻訳にしても「原文忠実」をバカ正直に実行しようとする。翻訳とは大同を求めて小異をすてる、ときには小同を求めて大異を切るくらいの度胸がなくてはできるものではない。われわれの社会では、そんなことを言ったら、さっそく袋だたきにされる。原文にある一字一句も洩《も》らさずに訳出しようとするが、由来、そんなことができるわけがない。「原文忠実」

に行き詰まると、今度は一足飛びに翻訳不能論へ飛躍する。

アーサー・ウェーレーの英訳「源氏」とか、サイデンステッカーの英訳「雪国」などは、われわれの国のような翻訳観によっていない。英語の読者のために訳しているのであって、原文のために訳しているのではない。訳文の読者にわかりかねるところは割愛するし、わかりにくいところには説明的文句を補足する。ときには原文の順序もすこし変えたりする。こういう翻訳を見ると、日頃は眠っている日本人の潔癖が目をさますのであろう。「不正確な」訳だと非難する。英訳「源氏」がいかに原文から離れているかを実証的に研究をする国文学者もあらわれ、そういう研究?がすぐれた業績として評価されているという。

原文忠実の精神に徹すれば、日本語のかなり多くの部分は翻訳困難である。もうすこし寛容になって、当らずといえども遠からざるものを容認する必要がある。これまでの日本語はアントランスレータブル（翻訳不能）を売りものにしてきたが、国際化するにはもっとトランスレータブル（翻訳可能）なものに移行しなくてはならない。すこし言いまわしが違うと、似たようなことを言っているのに、まるで敵のように考えたりすることがあるのも、潔癖さの悪いあらわれであるが、こんな感覚を外国人とのあいだで振りまわされたら大変である。

おもしろいことに、日本人は外国人が日本語を話しているのを見ると、お上手ですね、とほめる。これは日本語は外国人に使えるはずがない、というコンプレックスがあるからで、実際には感心などしていないことが多い。こういう心にもないお世辞を言う必要はないが、すこしくらいおかしいところがあっても、平気で聞き流す雅量はほしい。日本へ来ている英米人など、日本の学生が言う、聞くにたえないような英語を大真面目な顔でうなずいたりする。しどろもどろの英語からこちらの言わんとするところの見当をつけてくれる洞察力ももっている。われわれの英語と同じような日本語を話す外国人があらわれたときに、われわれはイギリス人やアメリカ人のような寛容さをもちつづけることができるであろうか。そう考えただけでも、これまで国際的に孤立していた日本語、それを常用している日本人の感覚が、いかに島国的特性を強くもっているかがわかる。

心を打つ言葉

日本語は短歌、俳句といった世界に類のすくない短詩型文学をはじめ、文学の表現手段としてはすぐれた適性をもっている。もっともその半面、科学的、哲学的な思考表現には日本語は不適当であるという意見が、ごく最近もノーベル賞受賞物理学者から提出された。これについては、日本語に関心をもつ人々によって理性的な討論が行われることを望みたい。

文学にはすばらしい成果をあげているのに、ほかの分野ではさほどではない。さきの物理学者のように理科の学生は英語で書いた教科書を使ったほうがよいという考えもある。しかし、それを日本語の責任にしては日本語が可哀相であろう。従来、文化とかかわるようなことは外国語を通じて知り、外国語的発想の中で展開させ、バター臭い日本語で発表してきた近代日本の知識人の態度を反映しているにすぎないからである。日本語で哲学し、科学する人が多くなれば、いつの日にかかならず日本語による哲学、自然科学の体系が生れるはずである。現状のみから絶望することはない。

それよりも問題とされなくてはならないのは、当用日本語の空しさである。実用の言葉があまり効果をあげていないのではないか、と思われる。あるとき、国語教育の専門家の研究会に出席して、いろいろな人の発表や講評をじっくり聞く、いや、聞かされる機会があった。そして思った。どうして国語の専門家ともあろう人たちがこんなに空虚な音を立てているのかと。下手なのなら望みがある。上手にすればいい。その集団の人たちは、自分の話している話し方が下手だという自覚がない。むしろ、相当なことを話しているつもりでさえあるらしく見受けられた。これでは現状から脱出できる途《みち》はない。

出席者の多くはへとへとに疲れて、時計ばかり見ている。それは話がいかにおもしろくないかを物語っているのに、そうは思わないのだから不思議というほかはない。発言者に与えられているのは一人十分間であった。しかし、まるで時間のことを無視して、頭も尻尾《しっぽ》もないような話を続けて二十分を越えてしまう。そこでもう何も言うことがなくなると、まるで唐突に話を打ち切ってしまうのである。聞いている人たちの心に響くような話をしようという配慮は、ほとんど感じられなかった。二十分を越すスピーチの中で、聞いている人のあいだに笑い声が聞えたのは一回か二回である。研究会は人を笑わせるところではなく、学問研《けん》鑽《さん》の場だというせりふが言いたいのなら、もっと研究らしい研究をすべきである。そうでなくて、お互いが考えていることを話し合う会ならば、もっとたのしい雰囲気にする話でなくては困るのである。

十分間の話をして、相手に感銘を与えることのできる日本人がどれくらいあるだろうか。大部分の学校教師は失格である。おもしろいことでもつまらなくしてしまう。ましてや、あまりおもしろくない勉強などは堪えられないほど退屈なものになるだろう。これで好学の青少年の育つわけがない。しかも学校の授業は十分でなく四十分、五十分、百分という長丁場である。当用の話し言葉をおもしろいもの、人の心を打つものにすることは文化、社会のために火急の問題である。日本人同士で砂をかむような思いをしている言葉を外国人に教えて、相手が日本、日本人、日本語を尊敬してくれるわけがない。恥をかくくらいなら、日本語の国際化など思いとどまるほうが国益に添うことになる。

日本語が心を打たなくなった理由のひとつは、いまの日本語が明治以降のものである点に求められる。日本語は長い歴史をもっているが、明治初年のところに断層があって、前後に分断されている。それまでの言葉の伝統と感覚を、古くなったわらじのようにすててしまって、海の向うからやってきた文明の言葉の余韻を存分に吸って新しい日本語をつくろうとした。近代日本語は明治以前の日本語といちじるしく違うのである。分断国家というのがあるが、われわれの国語は分断国語である。これを解消して、昔の日本語の心と現代の心とを結びつけることができれば、われわれの心の中の鬼神を泣かせることのできる言葉が生れるに違いない。

分断国語が歴史的問題であるならば、〝軍艦国語〟は社会的問題である。日本人は、県人会、同窓会など小さなグループをつくって、孤立しようとする傾向がつよい。なるべくなら軍艦の乗組員になりたがるのである。自由な個人の集団ではなく、閉鎖された孤立集団の中での共同体意識にすがって生きていこうとする。軍艦の外へ出れば命がないから、外のことは考えない。個人と個人の対立ではなく、軍艦と軍艦の対立である。言語はそういう集団的孤立を反映して、風通しが悪くなっている。内輪、軍艦の内部では以心伝心の言葉が通用するが、隣の軍艦とのあいだのコミュニケイションに適する言語がない。これでは外国人という遠い存在へ届く言葉などできるわけがない。軍艦と軍艦を結びあわせて、連合艦隊を組織することができるような英雄が待望される。元来は仲の悪いサルとキジとイヌをひきつれて、桃太郎は鬼ヶ島を討ちに行った。軍艦国語を糾合して、日本語国際化に挑む現代の英雄が必要なのである。ただ日本語を外国人に教えればいいのではない。

辞書・文法

考えてみると、われわれは辞書ばかり引いている。学校では英語など外国語の辞書を手放すことができない。学校を出てしまえば、一般の人は辞書とも縁が切れてしまうが、語学の教師をしていると、いよいよ辞書のお世話になることが多くなる。国語の辞書はそれに比べてかなり疎遠であるが、ある年齢にさしかかると、日本語もよくはわかっていなかったのだということを発見して、あわてるように国語の辞書を引きだす。

長年、英語の辞書とつき合ってきたあとで国語の辞書を引いてみると、いろいろ不満がでてくる。英語の辞書といっても、英米で編纂《へんさん》されたものだけがすぐれているのならともかく、日本で出版されたものでも、国語の辞書より格段の進歩を見せている。ほんとうの意味での辞書は日本語にはごくすくないのである。国語辞書と銘打って出されている大部分は、学習用字引きか、さもなければ言い換え語彙集である。ほんとうの国語辞書はまだ生れていないと言ってよい。というのも、日本人には辞書がどうあるべきかがわかっていないからでもある。外国のすぐれた辞書を範として、それを日本語に求めるという思考はかならずしも妥当ではない。われわれの言語的要求に合致した辞書を考えなくてはならないのである。

先年、日本文化研究者国際会議、俗にいうジャパノロジストの会議が開かれたとき、日本語を学んでいる外国人が異口同音に訴えたのが、日本語の辞書がほしいということだった。拠《よ》るべき辞書がないから、しかたなく、和英辞書を代用しているという人が多かった。こんな状態では日本語国際化の掛け声がいかに大きくても、実効は期しがたい。

日本語の辞書の始末の悪いところは、引く人間が日本語を知っているだろうという前提に立っていることである。わかる人にはわかる。しかし、わからぬ人にはついにわからない。これでは辞書の存在理由はない。外国人にとってこんな辞書が役立たないのはもちろん、日本人にとってもしかたがないだろう。われわれにとってほんとうに役立つ辞書は外国人が引いてもりっぱに役に立つものでなくてはならない。これまでの国語辞書編纂には、そういう国語を外から見る観点が欠落している。

語義の言い換えをすれば辞書の役目は終ったように考えるのも怠慢である。名詞ならどういう形容詞がつくのか、どういう動詞と結び、どういう動詞はとらないか、などの連結（コロケイション）をはっきり示している国語辞書がない。それだから、文章を書くとき引いてみても役に立ったためしがない。辞書編纂者は、そんな絵に画《か》いた餅《もち》のような話と一笑するかもしれない。そういう向きは、勝俣銓吉郎《かつまたせんきちろう》編『英和活用大辞典』を一見されるとよい。四十年近くも昔に、コロケイション専門辞典が英語ではできているのである。これがいまでも英語の文章を書くのに、どれほど助けになるか知れない。

辞書に比べてもさらにひどいと思われるのが日本語文法である。例によって、動詞の変化形などはしっかりしているが、文の構造や統語法についてはほとんど未開拓であると言ってよい。そもそもいまの日本文典の系統には西洋文法の影響が大きい。そのために日本語の実体にそぐわないところがすくなくない。それかと言って、日本語に即した国文法のほうも組織化が充分でない。文法の根本が西洋流と伝統主義に二分されているのでは、学習文法にすぐれたものができるわけがない。わが国の英語学習者は英文法によって言語に対する知的好奇心をよびさまされることが多いけれども、国文法を学ぶものはしばしば母国語を混乱のかたまりのように誤解する。

簡潔で骨太な日本語文法の確立、ことに学習文法の整備は外国人に日本語を教授するうえで不可欠の条件であろう。これまで国語の教師がこの点について無関心であったのは、母国語一言語主義で、ほかの言語を知らなかったことにもよると思われる。というのも、文法意識は二つの言語の接触、交流するところにおいて、もっとも早く発達するからである。イギリスにおける英文法はまずラテン語学者によって書かれる。したがって、ラテン文法を英文法に押しつける結果になった。日本の近代文法も蘭学、英学の影響のもとに発達している。すぐれた新学習文法をつくるのは、外国人に日本語を教える人たちの手によるのが、日本語にとってもっとも幸福なのではあるまいか。学校文法などつまらないと考える人がいるかもしれないが、ほんとうの啓蒙《けいもう》は深い専門的学識がなくてはできるものではない。

辞書といい文法といい、一日にして成るものではないことははっきりしている。民族文化の百年の計ともいうべきものである。その事業は出版社の義侠《ぎきょう》的冒険心に委ねられるべきものではない。よろしく国家的財政援助があってしかるべきである。社会資本の充実ということが問題になるとかならず、道路だとか公会堂といった目に見えるものをつくろうとする。それも悪くないが、誇るべき国語辞書、国文法をもつこともそれに劣らずりっぱな社会資本である。イギリスは十九世紀の半ばにその点に着目した篤志家があらわれて、国民的英語大辞典の編纂が始められ、のちに国もこれを援助して、数十年がかりで『オックスフォード英語辞典』十三巻を完成した（最近、新補遺三巻の刊行が始まった）。

わが国の政治家も、同じような島国イギリスの故智《こち》を見倣うくらいまでに文化的であってほしいものである。

教師タイプ

外国人に日本語を教えるのに、どういう先生がよいのか。これまであまり実績のない分野だけにはっきりしたことが言えないかもしれないが、幸いに、われわれは多くの外国人語学教師を迎えてきた。受け入れ側として見たとき、どういう先生がいちばん効果をあげるかは知っている。それを参考にして、外国へ送り出す日本語の先生のことも考えられるのではあるまいか。

ここでは筆者の直接知る範囲において、イギリス人教師をタイプ別に考えてみたい。前にものべたように、イギリス人教師には概してすぐれた人が多かった。ことに戦前はそうであった。したがって、どのタイプがもっともよいと割り切ることは困難であることを承知のうえで、あえて、三つのタイプを考える。

まず、第一のカテゴリーは有能なドリル・マスターである。本国で英語教育の専門家としての訓練を受けてきたであろうと思われる人たちで、教室ではよどみなく授業が進められる。われわれは学生のときに、H氏というこのタイプに属する先生から、機関銃の弾丸のように浴びせられる問いに首をすくめながらも、これで英語はものになるかもしれないとひそかに思ったものである。H先生は教室へ入ってきて、出席をとると、笑顔ひとつ見せないで、自分で作った独自の教材を使いながらどんどん授業を進めてゆく。脱線することもなければ冗談を言うのでもなく、淡々とブルドーザーのように授業をする。日本が英米に対して宣戦を布告して、H先生も授業が許されなくなった。その最後のときもH氏はまったく普段と変わらない授業をしたものだ。われわれはこの能率的なドリル・マスターをいまだに尊敬している。帰国後H氏はイギリスの指導的語学教育家となった。それが何だかわれわれの手柄のような気がするのも不思議だ。

第二のタイプは自国（つまりイギリス）へのプライドが相手国（この場合は日本）への批判と結びついた一種の国士型の先生である。われわれはWというこのタイプの先生に習った。W氏はテクストの中に何か触発するものがあると、とたんに脱線して、あとはテクストをほったらかしにして胸中の情熱を吐露しつくさなくては納まらない。W先生は日英関係が微妙なことにもおかまいなく、日本の軍国主義は結局デモクラシー自由主義の前に敗れると予言し、ヒトラーの『マイン・カムプ』を悪魔の書と断じた。われわれはW氏の迫力に圧倒された。やがて戦争になって、さらにその後戦争に負けたとき、しきりにW先生のことが思いだされたものだ。若い先生は足さえ不自由でなければ、おそらく参戦したであろうと思われる。若い外国人教師にはこのタイプがすくなくない。

第三のタイプは相手国（日本）が好きでたまらないという外国人教師である。古くはラフカディオ・ハーンがいる。われわれはCという老イギリス人に、味噌汁《みそしる》がいかに合理的なスープであるかということを教わった。奥さんは日本人らしく、この点もハーンと同じであるが、長年味噌汁をすすったせいか、白色人種変じて黄色人種と化していた。われわれはC老人を深く愛し、その教えに素直に従ったものだ。われわれ日本人のような人間からすると、このハーン・タイプはきわめて大きな成果を収めるように思われる。もし若い先生であれば、影響はいっそう大きいに違いない。

常識的に考えれば、第一タイプのH氏のようなドリル・マスターがオーソドックスな外国人教師であろう。現在わが国で行われている海外派遣日本語教師も、この線にそって訓練されていると想像される。最短期間で一応の能力を身につけさせるには、ほかに方法がないかもしれないが、教授技術に偏った考えは、やはり反省したほうがよいのではあるまいか。外国人が日本語を学びたいと言っても、それは日本語学者になりたいためばかりではない。漠然とした関心を言語学習によって満たそうとしていることがすくなくない。つまり、かなり広い文化的欲求をもっているのである。それは、文法語法の細部の説明だけでは満足させられない。教授技術の背景に日本文化、社会について一家言がほしい。ただ日本語を教えるのではない。日本文化の代表として日本語を教えるのである。

概してドリル・マスターは冷たく感じられる。H氏のように一流になれば、ドリル・マスターもりっぱな影響を残すことができるが、そうでないときは人間的欠陥が表面化して、せっかくの教授の成果を帳消しにしてしまうことがすくなくない。第二の国士型の教師も一歩誤ると、とんだ逆効果を招きかねない。W氏に対しても快く思わないものがわれわれのクラスにいたようである。いちばん望ましいのはハーン・タイプということに落ち着きそうである。

相手の国が英米独仏といったいわゆる先進国なら、その文化社会に心酔して日本語を教えることは何でもないが、いわゆる開発途上国へ行って、その国の文化を愛し、国民に親しみ、揚句のはてにはその国の女性と結婚するまでになる、ということはそれほど簡単に真似《まね》のできることではない。顧みて明治以来、そういう西洋人教師がすくなからずあったことに改めて感動する。いま外国へ赴こうとする日本語教師諸君に、それだけの純粋さを求められるであろうか。もし、そういう日本語教師がまったくあらわれてこないようなら、国際化も成功しないで終るのではなかろうか。

外国で尊敬される人間は日本でもりっぱに通用する人間でなくてはならない。出稼ぎ根性は厳にいましめる必要がある。同じ英語教師でも、イギリスからは帰国後大をなす人材が多く渡来したのに対して、アメリカ人には出稼ぎ的な人が多かった。このことが、日本におけるイギリスの高い評価、アメリカに対する冷たい反応と関係がないとは言えないように思われる。

すぐれた人間的魅力をもっていれば、技術的欠陥など問題ではない。われわれを教えたある英人教師は、日本の中学生の知っていた目的補語という文法用語を知らなかったが、そのことでこの先生を軽蔑したりしなかった。学校の専門なども問題ではない。国語国文学科の出身でなくてはならぬことなどさらさらないのである。しっかりした日本人であること――そして相手国に純粋な親愛の情をもっていること――これが日本語国際化の開拓者に求められる条件である。C氏の第三タイプがよい。それに人間的魅力が加われば申し分がない。辞書もなく文法もなっていない現状において、すこしくらい教授技術を身につけたからといって、専門家顔をして外国人に接すれば、思わぬ反撥に遭うことを覚悟しなくてはならない。

愛情の教師

人間は生れると母親を中心とする周囲の人たちから言葉の教育を受ける。ところが、この新生児に対する言語教育をいかにすべきか、技術的に確信をもっているおかあさんは一万人に一人もいないであろう。学校の先生になるには、大学で教職の単位を取らなくてはならないが、最愛のわが子の三つ児の魂を決定する言葉の教育には、無資格、無免許のままで臨んでいるのだからおもしろい。

それでいて、あまり大過なく母なる言葉、母語を赤ん坊が覚えるのは、母親には限りない愛情があるからだ。言語教育についてはズブのシロウトであるが、愛情によって欠けたところを補っている。そして結果として、母親はすばらしい言語の教師であることが多いのである。

外国人に対する日本語教育についても、この母親の教育は参考になるはずだ。ドリル・マスターであるよりも、愛情の教師であるほうがはるかに大きな成果をあげうる。もちろん母親のようにはいかないが、この人たちに何とかして日本語を覚えてほしい、そういう純粋な気持があれば、その真心は民族、言語の差を越えて相手に通じる。言語の理解はそういう心の結びつきによってのみ本ものになるのである。

これは、外国人に日本語を教える教師だけのことではないが、教育をするには、心の温かさが必須の条件である。明るい人がよい。生れつきの性格をおいそれと変えられるか。教師になったからと言ってハシャギネコの仮面なんかかぶれるものか、そういう反論が出るかもしれないが、教師は心を鬼にしてでも明朗で、お人良し、すこしおっちょこちょいで、誠心誠意の人間になることを努めるべきであろう。

語学は金もうけの手段にやるのではない。人間と人間との心をつなぐためにやるのである。小手先、口先の専門技術主義にのみ留《とど》まっていてはいけない。そう考えると、外国で日本語の教育に当る人は小なりとはいえ、日本文化使節である。出かける前に、日本文化のもっともすぐれたものにできるだけ多く触れておいてもらいたい。最高の日本の美術、文化に接することを通じて、おのずから自国への誇りも生れてこよう。それを外国の人に伝えたいという熱意が自然に語学教育につながる——そういう日本語教育が行われるならば、われわれの国が世界に向けている顔のイメージも大きく変わってくるに違いない。

文化に包まれない製品と技術の輸出に急であったことが、せっかくの努力にもかかわらず、これまでわれわれの活動が正しく理解されなかった大きな理由であった。この点についての考えを根本から改めることが必要である。

国民的関心

いまのわが国はまだまだ経済第一主義である。金をもうけることがもっとも大きな関心となっている。エコノミック・アニマルと言われてもしかたがない。そういう国民は物資の輸出には熱心になれても、言語の輸出など三文の価値もないように考えるであろう。しかし、長期にわたっての安定した貿易関係を結ぶためにも、相手にこちらの言語、文化を知ってもらうことはきわめて重要なことである。はっきり言えば、引き合う。そのことになかなか気づかなかったのは、実業家や外交官がほとんど法科、経済の出身者であることもある。

言葉なんかに金を注ぎ込んでもしかたがない。それくらいなら、われわれの外国語教育を役に立つものにしたほうが手っ取り早い。これが法科的発想である。そのために、日本はどれだけ不利な立場におかれてきたか知れない。悪いのは、役人や財界人ばかりではない。学者や文化人も後進国的であって、あるいは、一般人以上に後進国性に漬っていて、内心では日本語などだめにきまっていると思っている。外国語が読めないとか、誤訳をしたとかなると、学者的生命にひびくけれども、日本語らしい日本語が書けなくても一向にかまわない。それどころか、あまり読みやすい文章を書いたりすると、あれでは学問のほうが怪しいだろうと評価されるから、孤高の学者たろうとする人たちは競って悪文をものする。こういう国の言葉を習ってみようという外国人があらわれてきたのだからおどろく。

もっとも、いままでの日本で、かりに日本語を国際化しようとしても無理だったであろう。一国の言語の国際普及はその国の真の国力に比例するものである。ここ十年くらいのあいだに、日本にようやく日本語の国際化の可能性があらわれてきた。しかし、長いあいだ、そういうことを諦めていた国民には、なお、ことの重要性がよく呑み込めていない。日本語が海を越えるのは、国が始まって以来のことである点を考えて、これから何をしたらよいかを決めていく必要がある。急いではいけない。しかし、世の中の人たちが、日本語の国際化にもっと関心をもつようにしなくてはウソである。

日本へ留学に来ている学生たちもほとんどが日本語の学力不足に悩んでいる。日本人の側に、学習する機会を提供する用意と努力が不足しているからである。せっかく留学生を招いておきながら、日本になじまない気持をいだかせて帰国させるなどというのは大いなる恥である。言霊《ことだま》のさきおう国も、末世になって言霊を失ってしまったらしい。外国の人たちに日本のほんとうのよさを理解してもらうためにも、ある程度の日本語についての知識は不可欠であろう。柔道用語のようにいち早く国際化した部分もあるのを見てもわかるように、真に独自の文化をもっていれば、日本語の国際化の道はおのずから開けてくるはずである。欧米の文化のもの真似ばかりしているようでは、その国の言語を学ぼうという動機の生れるはずがない。

そうしてみると、すぐれた日本文化を創造することが、日本語国際化の最大の条件であることに思いいたる。他方、近年は、わが国に言語的ナショナリズムの空気が認められる。これはいわゆるナショナリズムとは違って戦争などと結びつくものではなく、独自の文化形成をして行く原動力となるものであると考えられる。いま日本人の胸のうちで目をさましている国語ナショナリズムは日本語国際化を始発させる重要な契機となるものである。

あとがき

急にこの本が出ることになり、これまでに書いた文章に手を入れてまとめることにした。全体として、ある統一をつけたつもりだが、なお、ひとつひとつは独立のエッセイになっている。読者は気の向いたところから読んでいただいて結構である。

　はじめの三分の二ほどは同人雑誌「ももんが」に載せたものがもとになっている。その読者はごく限られた範囲にとどまっているから、まず新稿に近いものである。本書に随想風な気ままさが感じられるとするならば、ごく気楽に書かれた初稿から引きつがれたものである。

ほかに「国際交流」など二、三の雑誌に寄稿したものを収めた。これらの諸雑誌の編集の方々や読者の寛容を祈る。

この本ができたのは永倉あい子氏の熱意のたまものである。その推進がなければ、本書は決して陽の目を見ることはなかった、と誌《しる》すのは決して修辞ではない。

外山滋比古（とやま・しげひこ）

1923年（大正12年），愛知県に生まれる．東京文理科大学英文科卒業．同大学特別研究生修了．専門は英文学．『英語青年』編集長，東京教育大学助教授，お茶の水女子大学教授，昭和女子大学教授などを歴任．文学博士．お茶の水女子大学名誉教授．
著書『修辞的残像』（みすず書房）
『近代読者論』（みすず書房）
『省略の文学』（中公文庫）
『日本語の論理』（中公文庫）
『新エディターシップ』（みすず書房）
『シェイクスピアと近代』（研究社出版）
『知的創造のヒント』（ちくま学芸文庫）
『異本論』（ちくま文庫）
『日本語の素顔』（中公新書）
『思考の整理学』（ちくま文庫）
『古典論』（みすず書房）
『ユーモアのレッスン』（中公新書）
『忘却の力』（みすず書房）
『日本語の作法』（新潮文庫）
『自分の頭で考える』（中公文庫）
『外山滋比古著作集』（全８巻，みすず書房）ほか

日本語《にほんご》の個性《こせい》
中公新書 433

1976年５月25日初版
2018年12月20日32版
2020年２月25日改版発行

著　者　外山滋比古
発行者　松田陽三

本文印刷　暁印刷
カバー印刷　大熊整美堂
製　本　小泉製本

発行所　中央公論新社
〒100-8152
東京都千代田区大手町1-7-1
電話　販売　03-5299-1730
　　　編集　03-5299-1830
URL　http://www.chuko.co.jp/

Published by CHUOKORON-SHINSHA, INC.
Printed in Japan　ISBN978-4-12-180433-4 C1281

中公新書刊行のことば

いまからちょうど五世紀まえ、グーテンベルクが近代印刷術を発明したとき、書物の大量生産は潜在的可能性を獲得し、いまからちょうど一世紀まえ、世界のおもな文明国で義務教育制度が採用されたとき、書物の大量需要の潜在性が形成された。この二つの潜在性がはげしく現実化したのが現代である。

いまや、書物によって視野を拡大し、変りゆく世界に豊かに対応しようとする強い要求を私たちは抑えることができない。この要求にこたえる義務を、今日の書物は背負っている。だが、その義務は、たんに専門的知識の通俗化をはかることによって果たされるものでもなく、通俗的好奇心にうったえて、いたずらに発行部数の巨大さを誇ることによって果たされるものでもない。現代を真摯に生きようとする読者に、真に知るに価いする知識だけを選びだして提供すること、これが中公新書の最大の目標である。

私たちは、知識として錯覚しているものによってしばしば動かされ、裏切られる。私たちは、作為によってあたえられた知識のうえに生きることがあまりに多く、ゆるぎない事実を通して思索することがあまりにすくない。中公新書が、その一貫した特色として自らに課すものは、この事実のみの持つ無条件の説得力を発揮させることである。現代にあらたな意味を投げかけるべく待機している過去の歴史的事実もまた、中公新書によって数多く発掘されるであろう。

中公新書は、現代を自らの眼で見つめようとする、逞しい知的な読者の活力となることを欲している。

一九六二年一一月

宗教・倫理

中公新書

心理・精神医学

c1

- 2125 心理学とは何なのか　永田良昭
- 481 無意識の構造(改版)　河合隼雄
- 557 対象喪失　小此木啓吾
- 2061 認知症　池田学
- 2521 老いと記憶　増本康平
- 1749 精神科医になる　熊木徹夫
- 515 少年期の心　山中康裕
- 2432 ストレスのはなし　福間詳
- 1324 サブリミナル・マインド　下條信輔
- 2460 脳の意識 機械の意識　渡辺正峰
- 2202 言語の社会心理学　岡本真一郎
- 1859 事故と心理　吉田信彌
- 666 犯罪心理学入門　福島章
- 565 死刑囚の記録　加賀乙彦
- 1169 色彩心理学入門　大山正
- 318 知的好奇心　波多野誼余夫・稲垣佳世子
- 599 無気力の心理学(改版)　波多野誼余夫・稲垣佳世子
- 907 人はいかに学ぶか　稲垣佳世子・波多野誼余夫
- 2238 人はなぜ集団になると怠けるのか　釘原直樹
- 1345 考えることの科学　市川伸一
- 757 問題解決の心理学　安西祐一郎
- 2386 悪意の心理学　岡本真一郎
- 2544 なぜ人は騙されるのか　岡本真一郎

中公新書

言語・文学・エッセイ

533 日本の方言地図 徳川宗賢編
2493 日本語を翻訳するということ 牧野成一
500 漢字百話 白川 静
2213 漢字再入門 阿辻哲次
1755 部首のはなし 阿辻哲次
2534 漢字の字形 落合淳思
2430 謎の漢字 笹原宏之
2341 常用漢字の歴史 今野真二
2363 外国語を学ぶための言語学の考え方 黒田龍之助
1880 近くて遠い中国語 阿辻哲次
1833 ラテン語の世界 小林 標
1971 英語の歴史 寺澤 盾
2407 英単語の世界 寺澤 盾
1533 英語達人列伝 斎藤兆史
1701 英語達人塾 斎藤兆史

2086 英語の質問箱 里中哲彦
2165 英文法の魅力 里中哲彦
2231 英文法の楽園 里中哲彦
1448 「超」フランス語入門 西永良成
352 日本の名作 小田切 進
212 日本文学史 奥野健男
2556 日本近代文学入門 堀 啓子
2285 日本ミステリー小説史 堀 啓子
2427 日本ノンフィクション史 武田 徹
563 幼い子の文学 瀬田貞二
2156 源氏物語の結婚 工藤重矩
1787 平家物語 板坂耀子
1798 ギリシア神話 西村賀子
1254 ケルト神話と中世騎士物語 田中仁彦
2382 シェイクスピア 河合祥一郎
2242 オスカー・ワイルド 宮崎かすみ
275 マザー・グースの唄 平野敬一

2404 ラテンアメリカ文学入門 寺尾隆吉
1790 批評理論入門 廣野由美子
433 日本語の個性(改版) 外山滋比古

中公新書

言語・文学・エッセイ

j2

教育・家庭

中公新書

知的戦略・情報

n1

13 整理学 加藤秀俊
106 人間関係 加藤秀俊
410 取材学 加藤秀俊
136 発想法（改版） 川喜田二郎
210 続・発想法 川喜田二郎
1159 「超」整理法 野口悠紀雄
1222 続「超」整理法・時間編 野口悠紀雄
1662 「超」文章法 野口悠紀雄
2056 日本語作文術 野内良三
1718 レポートの作り方 江下雅之
624 理科系の作文技術 木下是雄
1216 理科系のための英文作法 杉原厚吉
2480 理科系の読書術 鎌田浩毅
2109 知的文章とプレゼンテーション 黒木登志夫
807 コミュニケーション技術 篠田義明

2397 会議のマネジメント 加藤文俊
1636 オーラル・ヒストリー 御厨　貴
2263 うわさとは何か 松田美佐
1712 ケータイを持ったサル 正高信男

地域・文化・紀行

t1

中公新書

地域・文化・紀行

560 文化人類学入門（増補改訂版） 祖父江孝男
2315 南方熊楠《みなかたくまぐす》 唐澤太輔
2367 食の人類史 佐藤洋一郎
92 肉食の思想 鯖田豊之
2129 カラー版 地図と愉しむ東京歴史散歩 竹内正浩
2170 カラー版 地図と愉しむ東京歴史散歩 都心の謎篇 竹内正浩
2227 カラー版 地図と愉しむ東京歴史散歩 地形篇 竹内正浩
2346 カラー版 地図と愉しむ東京歴史散歩 お屋敷のすべて篇 竹内正浩
2403 カラー版 地図と愉しむ東京歴史散歩 地下の秘密篇 竹内正浩
2335 カラー版 東京鉄道遺産100選 内田宗治
2012 カラー版 マチュピチュ—天空の聖殿 高野　潤
2327 カラー版 イースター島を行く 野村哲也
2092 カラー版 パタゴニアを行く 野村哲也
2182 カラー版 世界の四大花園を行く 野村哲也
2444 カラー版 最後の辺境 水越　武

1869 カラー版 将棋駒の世界 増山雅人
2117 物語 食の文化 北岡正三郎
596 茶の世界史（改版） 角山　栄
1930 ジャガイモの世界史 伊藤章治
2088 チョコレートの世界史 武田尚子
2438 ミルクと日本人 武田尚子
2361 トウガラシの世界史 山本紀夫
2229 真珠の世界史 山田篤美
1095 コーヒーが廻り世界史が廻る 臼井隆一郎
1974 毒と薬の世界史 船山信次
2391 競馬の世界史 本村凌二
650 風景学入門 中村良夫
2344 水中考古学 井上たかひこ